山东未来产业发展

战略研究报告

（2025）

山东省创新发展研究院
中国科学院科技战略咨询研究院 编著

山东科学技术出版社
·济南·

图书在版编目（CIP）数据

山东未来产业发展战略研究报告. 2025 / 山东省创新发展研究院，中国科学院科技战略咨询研究院编著. 济南 : 山东科学技术出版社，2025. 7. -- ISBN 978-7-5723-2833-6

Ⅰ. F269.275.2

中国国家版本馆 CIP 数据核字第 2025A48836 号

山东未来产业发展战略研究报告（2025）

SHANDONG WEILAI CHANYE FAZHAN ZHANLÜE YANJIU BAOGAO (2025)

责任编辑：陈　昕　徐睿璠　庞　婕

主管单位：山东出版传媒股份有限公司

出 版 者：山东科学技术出版社

地址：济南市市中区舜耕路 517 号

邮编：250003　电话：（0531）82098088

网址：www.lkj.com.cn

电子邮件：sdkj@sdcbcm.com

发 行 者：山东科学技术出版社

地址：济南市市中区舜耕路 517 号

邮编：250003　电话：（0531）82098067

印 刷 者：山东彩峰印刷股份有限公司

地址：潍坊市潍城经济开发区玉清西街 7887 号

邮编：261031　电话：（0536）8311811

规格：16 开（184 mm × 260 mm）

印张：12.5　**字数：**226 千

版次：2025 年 7 月第 1 版　**印次：**2025 年 7 月第 1 次印刷

定价：128.00 元

审图号：鲁 SG（2025）022 号

编　委　会

序 言

当前，全球科技创新进入空前密集活跃的时期，新一轮科技革命和产业变革正在重构全球创新版图、重塑全球经济结构。全球主要发达国家纷纷抢先布局未来产业，旨在抢抓新领域和新赛道，培育新的增长动力和竞争优势。党的十八大以来，以习近平同志为核心的党中央坚持把科技创新摆在国家发展全局的核心位置，在多个领域取得了一系列原创性突破，为前沿技术、颠覆性技术提供了更多创新源泉，为“未来产业”的诞生和发展提供了“种子”。我国与发达经济体的科技产业竞争格局正从“跟跑”逐步发展到“并跑”，在部分未来产业领域处于同一起跑线，一些领域已形成“领跑”优势，弯道超车的可能性不断增大，有望培育发展成先导性支柱产业，是我国发展新质生产力的主阵地。

总书记有指示。近年来，习近平总书记对前瞻布局未来产业作出系列重要论述。2020 年 4 月，习近平总书记在浙江省考察时强调，“抓紧布局数字经济、生命健康、新材料等战略性新兴产业、未来产业”。2021 年，习近平总书记在中国科学院第二十次院士大会、中国工程院第十五次院士大会和中国科学技术协会第十次全国代表大会上强调，“要在事关发展全局和国家安全的基础核心领域……前瞻部署一批战略性、储备性技术研发项目，瞄准未来科技和产业发展的制高点”。2023 年 9 月，习近平总书记在黑龙江省考察时强调，要“整合科技创新资源，引领发展战略性新兴产业和未来产业，加快形成新质生产力”。2024 年 1 月，习近平总书记在中共中央政治局第十一次集体学习时强调，“要及时将科技创新成果应用到具体产业和产业链上，改造提升传统产业，培育壮大新兴产业，布局建设未来产业，完善现代化产业体系”。2024 年 3 月，习近平总书记在参加十四届全国人大二次会议江苏代表团审议时提出，“培育壮大新兴产业，超前布局建设未来产业，完善现代化产业体系”。2024 年 5 月，习近平总书记在山东省考察时强调，“统筹推进传统产业改造提升、新兴产业培育壮大、未来产业超前布局”。2024 年 6 月，习近平总书记在全国科技大会上强调，“聚焦现代化产业体系建设的重点领域和薄弱环节，增加高质量科技供给，培育发展新兴产业和未来产业”。2025 年 3 月，第 5 期《求是》杂志发表习近平总书记重要文章《经济工作必须统筹好几对重要关系》，文章指出“要以科技创新为引领，大力培育壮大新兴产业和未来产业”。

国家有部署。超前布局未来产业是双循环格局下经济社会高质量发展的关键，是面对新型国际关系、掌握产业发展主动权和国际话语权的战略举措，是培育全球竞争新优势的必然选择，更是我国能够和国际创新保持同步甚至实现赶超的重大创新机会之一。国家“十四五”规划纲要明确指出，在类脑智能、量子信息、基因技术、未来网络、深海空天开发、氢能与储能等前沿科技和产业变革领域，组织实施未来产业孵化与加速计划，谋划布局一批未来产业。2023 年 12 月，中央经济工作会议强调，以科技创新引领现代化产业体系建设，开辟量子、生命科学等未来产业新赛道，广泛应用数智技术、绿色技术，加快传统产业转型升级。2024 年 1 月，工业和信息化部等七部门联合印发《关于推动未来产业创新发展的实施意见》，从技术创新、产品突破、企业培育、场景开拓、产业竞争力等方面提出到 2025 年和 2027 年的发展目标，提出推动前沿技术产业化的具体举措，对未来产业重点发力的方向和方式进行统筹指导。2024 年政府工作报告中提出，积极培育新兴产业和未来产业，制定未来产业发展规划，开辟量子技术、生命科学等新赛道，创建一批未来产业先导区。2024 年 7 月，党的二十届三中全会审议通过《中共中央关于进一步全面深化改革、推进中国式现代化的决定》，对“建立未来产业投入增长机制”作出了重要部署。

山东有潜力。2024 年 5 月，习近平总书记再次亲临山东考察指导，发表重要讲话，作出重要指示，赋予山东“走在前、挑大梁”的使命担当。作为北方经济的重要战略支点，山东工业基础雄厚、科技实力强劲、自然资源丰富，发展未来产业前景广阔、大有可为。山东省委、省政府高度重视未来产业发展，2024 年年底，山东省委经济工作会议指出，充分发挥科技创新引领作用，加快建设现代化产业体系，更大力度统筹推进传统产业改造提升、新兴产业培育壮大、未来产业超前布局。2025 年山东省政府工作报告中指出，创新发展未来产业，深化“人工智能 +”行动，建好中国移动齐鲁创新院等平台，打造大模型产业生态集聚区，加快培育济南量子科技、青岛深海空天、烟台商业航天等特色园区，高标准建设未来产业先导区。2024 年 12 月，山东省人民政府办公厅印发了《关于科技创新引领未来产业布局培育发展新质生产力的实施方案》，加快布局人工智能、“元宇宙 +”、生命科学、未来网络、量子科技、技能作业机器人、深海深地深空、低空经济等八大未来产业、19 个细分领域，逐个领域提出下一步在关键核心技术攻关、重大产品研制、示范应用等环节的主攻方向，并部署了具体推进措施。在重点领域方面，围绕人工智能、集成电路、工业母机、新能源、新材料、低空经济、现代海洋、生物医药、生物育种、盐碱地综合利用、脑机接口等13个重点产业，分别制定2025—2027年三年行动计划，对重点领域的主要目标、重点任务、重点举措等进行部署规划。

山东要深入贯彻落实习近平总书记的重要指示精神，抢抓“爆发式”机遇窗口期，全面深化改革，坚持“科技创新引领产业高质量发展”主线任务，加快建设绿色低碳高质量发展的先行区，推动黄河战略深入实施，超前布局未来产业，抢占新赛道，争取新优势，通过盘活存量、做大增量、提升质量，加快培育发展新质生产力，为国家高质量发展贡献山东力量。

目　录

第一章
趋势研究篇

全球未来产业发展趋势与关键技术研判

第一节
未来产业的内涵特征、演化规律与共性挑战

一、未来产业的内涵特征

“未来产业”这一概念最早出现在20世纪80年代，并由英国和法国率先推动。2016年，Ross出版的*The Industries of the Future*一书引起了学术界、产业界和政界的广泛关注，也标志着未来产业研究迈入了系统化发展的新阶段。2017年以来，美国、日本、英国、法国、德国等主要发达国家积极布局未来产业，在前沿技术、人才团队、创新平台、产业生态等多方面大力部署，取得了显著成效。近年来，人工智能、元宇宙、生命科学、深海空天、前沿新材料、清洁能源等新兴技术和领域不断取得重要突破，未来产业已初步形成产值规模，吸引全球资本高度关注。

从我国看，“未来产业”最早在2013年的《国家重大科技基础设施建设中长期规划（2012—2030年）》中出现。2021年，“十四五”规划纲要在“发展壮大战略性新兴产业”一章中专门单列一节“前瞻谋划未来产业”，首次明确未来产业的内涵。2024年1月，工业和信息化部等七部门联合印发《关于推动未来产业创新发展的实施意见》，将未来产业定义为：**由前沿技术驱动，当前处于孕育萌发阶段或产业化初期，是具有显著战略性、引领性、颠覆性和不确定性的前瞻性新兴产业**。

课题组研究认为，未来产业是由前沿科技创新驱动，当前处于萌芽期或产业化初期，具备成长为先导性、支柱性产业潜力，对高质量发展具有重大引领带动作用的前瞻性新兴产业，代表新一轮科技革命和产业变革方向，也是抢占全球科技产业发展制

高点的关键。未来产业能够拓展人类认知范围，提升人类自身能力，服务人类新需求，并不断延伸人类发展边界。当前和未来的一段时期，全球未来产业代表着科技和产业发展的智能化、高端化、绿色化发展方向，主要包括人工智能、生物制造、量子信息、未来能源、新一代信息网络、商业航天、深海深地深空等新兴方向。这些未来产业主要具备五个显著特征。

一是前瞻性。未来产业是前沿先进科技成果驱动产业发展的直观体现，是科技革命和产业革命的时代标志。如脑机接口、基因编辑等引领性技术革命将带动新一轮产业变革。

二是引领性。人工智能、新一代信息技术、生物制造将成为抢占未来发展制高点的关键领域，商业航天、深海开发等领域方向不仅直接关联国家安全、经济命脉与科技主权，还将开辟新领域、新赛道，引领产业新方向。

三是颠覆性。未来产业由技术革命性突破催生，将引发生产力和生产关系的颠覆性变革，能够创造新产品、新领域、新赛道、新业态，重构产业生态、供应链、生产方式和商业模式。如，量子计算、6G 通信等前沿技术突破，将颠覆和重构产业技术范式。

四是融合性。未来产业通常是多种技术和学科交叉融合发展的结果，由于人工智能、新能源、新材料等技术的通用性，未来产业的发展将不再受限于单一行业，而是可能在不同行业之间实现跨领域的融合创新。如，生物制造融合合成生物学与智能制造技术，将呈现“X 技术 +N 产业”的融合形态。

五是不确定性。未来产业的技术突破存在多种可能方向，多条技术路线竞争是常态，而且产业化和应用场景也具有高度不确定性。如，量子计算的技术路线主要包括超导量子比特、离子阱、量子点、拓扑量子比特、光子量子计算和里德堡原子等，都有其独特的优势和挑战，未来谁能胜出有很大不确定性。

二、未来产业的演化规律

中央经济工作会议提出，以科技创新引领新质生产力发展，建设现代化产业体系。从发展新质生产力角度看，现代化产业体系是一个动态演进的体系，是未来产业—战略性新兴产业—传统产业—未来产业递进的循环往复的体系。在未来产业演化过程中，离不开与传统产业、战略性新兴产业等已有产业之间的相互作用，因此首先应当明确其与已有产业之间的关系。

课题组研究认为，传统产业、战略性新兴产业、未来产业是三个动态发展、演进转化的概念体系，三者既具有延续性，同时也有一定的差异性。从延续性来看，18 世纪，英国率先发明、广泛应用以蒸汽机为代表的未来产业，成为第一次工业革命先行者与领导者，由此带动的棉纺织业、交通运输业目前已经成为重要传统产业；美国依托以电动机、内燃机、计算机等为代表的一批 19 世纪、20 世纪的未来产业，成为超级经济大国，由此带动的电器业、电信业后续成为新兴产业，未来也可能成为基础性的传统产业。因此，过去的未来产业到现在可能已经成为新兴产业甚至传统产业，同理，现在的未来产业将来也会成为新兴产业乃至传统产业。从差异性来看，三者科技创新与产业创新的程度与水平不同。传统产业是技术已成熟或技术含量不高、具备良好产业生态和发展模式的产业。新兴产业侧重已经完成重大技术路线筛选，具有较为明确的产业形态和发展模式的新兴产业。未来产业大多仍处于多技术路线试错阶段，应用场景和商业模式尚不明确，具有很强的前瞻性和不确定性。

因此，从产业演进规律看，前瞻布局未来产业，应充分发挥区域产业优势，结合现有产业特色，从以下两个方面入手。

一是推动现有产业未来化发展，赋能传统产业提质增效与转型升级。传统产业方面，以技改转型为方向，聚焦化工、轻工、机械装备等产业，推动高端化、智能化、绿色化发展；新兴产业方面，以强力突破为方向，在海洋经济、现代农业、智能制造、新能源等领域大力推动新兴技术突破，支持龙头科技企业探索第二曲线，向未来产业转型发展。

二是推动未来技术产业化发展，发挥创新策源地的内生增长作用。鼓励科研人员围绕未来技术开展学术创业，探索未来技术转化的方向与方式，发挥高校院所科研和转化平台的作用，尽快完成未来技术应用研究、概念验证、产品中试等产业化前端环节，进驻科技园进行孵化，整合技术、人才、金融等创新资源，加快培育一批未来产业示范项目。

三、未来产业的共性挑战

由于未来产业具有跨领域、强交叉、动态性和不确定等典型特征，因此，前瞻布局未来产业面临不小的困难与挑战。

一是在分析未来社会需求时，突破认知局限与思维惯性是把握产业发展趋势的关键前提。传统产业经过数十年乃至上百年的沉淀，在生产要素配置、运营管理模式及应用场景构建等方面形成了高度稳定的体系。相较之下，未来产业锚定的是经济与科技深度融合催生的前沿需求，这些需求往往萌芽于技术突破临界点与社会观念革新期，是对既有产业形态的迭代与超越。因此，开展未来社会需求分析时，必须以开放包容的态度接纳颠覆性思维，实现从经验驱动向洞察引领的转变，以超前的战略眼光预判产业发展方向。

二是在预测未来产业趋势时，需创新研究方法和评估标准。传统的技术预见通常依赖德尔菲法、文献分析、专利分析等方法，这些方法往往存在滞后性，且技术预见与产业发展之间的联系尚不紧密。随着技术预见方法的不断革新，越来越多的研究团队开始从社会愿景和需求预见出发，反推技术发展的趋势。尽管未来产业充满不确定性，但技术进步的基本规律仍有迹可循，采用新的方法和标准可以提高预测的准确性。

三是在遴选重大未来技术时，需加强领域交叉与视角融合。随着数字技术的快速发展，“智慧+”成为制造业、农业、海洋经济、城市交通、地质勘探等多个领域的新方向。当前，许多“智慧+”应用场景和新模式已得到实际落地，跨领域合作已成为未来发展的必然趋势。因此，在选择未来技术时，需要综合多个领域的核心观点与内容，加强跨学科的交叉与融合。

四是在培育未来产业项目时，需拓宽市场定位并打造示范场景。未来产业往往对非专业人士和大众消费者显得较为抽象，难以形成实际的市场需求。因此，在培育这些项目时，应注重展示和体验，提高市场敏感度，找准市场定位和商业模式，构建实际应用场景，并通过广泛的宣传推广为市场留出空间和时间，逐步培育市场，耐心等待需求的逐步显现。

第二节
全球主要发达国家和地区未来产业发展趋势

未来产业代表着新一轮科技革命与产业变革的方向，目前处于萌芽或产业化初期。这些前瞻性新兴产业将成为未来5~10年战略性新兴产业发展的核心力量，是重塑全球创新格局和经济版图的重要推动力，也是把握未来发展主动权的关键所在。为了赢得未来产业发展的先机，并占领全球科技和产业竞争的制高点，各国纷纷加强对未来产业的规划布局，出台相关发展战略，重点发展自身在优先领域和方向上的优势。

一、美国：引领世界未来产业发展

（一）超前部署引领全球趋势

特朗普政府率先提出发展未来产业。2019年2月，美国白宫科技政策办公室（OSTP）发布的《美国将主导未来产业》报告将未来产业确立为国家战略。2021财年和2022财年美国政府研发预算备忘录中，也均强调了要保持在未来产业领域的领先地位。拜登政府则继续聚焦四项关键未来产业技术，即人工智能、先进制造、量子科技和5G。2022财年美国政府研发预算备忘录明确指出这四项技术的研发重点及其与未来产业相关的技术方向：（1）人工智能，优先研发领域包括人工智能伦理问题研究、数据高效和高性能机器学习技术、认知人工智能、安全和值得信赖的人工智能、可扩展和稳健的人工智能、集成和交互式人工智能，以及创新的人工智能硬件；（2）先进制造，优先领域包括智能制造、数字制造以及先进工业机器人技术，尤其是工业物联网支持的系统，重点关注低成本分布式制造和持续制造的方法，以及在生物医学领域开发纳米材料和先进材料及其工艺；（3）量子科技，优先领域包括投资关键基础设施、试验平台以及未来计算范式和先进制造以推动下一代量子设备的研发，扩大量子技术的探索和试点应用；（4）5G，优先领域包括针对无线系统优化的人工智能 / 机器学习技术，将人工智能 / 机器学习技术广泛应用于通信和网络安全，以及开发利用 5G 和先进网络的应用；与未来产业相关的技术，包括未来计算生态系统及自动驾驶和遥控交通工具，前者聚焦未来计算技术和范式的基础研发，后者聚焦能实现水面、空中和海上的自动驾驶和遥控交通工具以及可选择驾驶电动垂直起降飞机的技术。

（二）加大投资构筑产业先发优势

拜登政府延续了特朗普政府关于发展未来产业的理念和战略，进一步加大对未来产业的投资。通过《两党基础设施法案》《通胀削减法案》和《2022 年芯片与科学法案》等政策，拜登政府推动私营部门对未来产业的投资超过 3000 亿美元，涉及清洁能源、电动汽车、半导体和先进电池等领域。2022 年，美国白宫科技政策办公室（OSTP）在回应《未来产业法案》的报告中指出，美国政府从 2022 年起，每年将投入超过 100 亿美元支持未来产业发展，并明确列出了未来产业的重点领域，包括先进计算、先进材料、制造与机器人技术、下一代通信技术、人工智能、电池技术、生物技术、网络安全、绿色产品和清洁技术、植物遗传学与农业技术、隐私增强技术、量子信息科学与量子计算、纳米技术、半导体与微电子技术等。拜登政府对未来产业的主要投资方向包括：（1）先进制造业，重点领域包括实现清洁和可持续制造，加快微电子和半导体领域的制造创新，通过先进制造业支持生物经济；通过先进制造推动新材料与创新加工技术，领航智能制造的未来；（2）网络和信息技术，重点领域包括使用云计算推进生物医学研究，先进计算、人工智能和大数据融合以实现精确医学，建设大规模、弹性和智能的无线网络；（3）人工智能，优先考虑基础和转化人工智能研究，使人工智能可信、公平、稳健、安全、安心，并兼有权利和隐私保护；（4）量子科技，继续研究解决阻碍量子技术发展进步的最困难问题并推动可能在未来 5 年内产生社会影响的量子技术的发展；（5）纳米技术，基于国家纳米技术计划支持学术界和私营企业共同参与的基础和应用研究，通过战略合作促进技术成果转让和商业化；（6）生物技术，推进可持续和可靠的生物工业制造技术发展，构建新的药物、材料、诊断体系，支持制定相关制造标准。

（三）持续跟进确保全球领导地位

近年来，拜登政府出台了一系列措施，进一步落实对未来产业的部署。美国商务部出台《美国芯片基金实施战略》，主要资助三大研发计划，包括 280 亿美元用以发展先进逻辑和内存芯片制造业，100 亿美元用于增强汽车、信息和通信技术、医疗设备等关键商业和国防领域的芯片生产能力，以及 110 亿美元用于资助由国家半导体技术中心、国家先进封装制造计划、三家新的“制造业美国”研究所以及 NIST 计量研发项目等组成的创新网络。持续大力投入人工智能和量子科技，2021—2023 财年人工智能领域的预算从 15.8 亿美元逐渐增加到 18.3 亿美元，量子信息领域的预算每年都超过 8 亿美元。美国前总统拜登签署行政令，启动“国家生物技术和生物制造计划”后，各政府部门和机构在国家生物技术和生物制造峰会上宣布投入 20 余亿美元推进该计划，主要包括投资 4000 万美元以利用生物技术增强供应链韧性，投资 10 亿美元建设国家生物工业制造基础设施以提高国内生物制造能力，以及 1.78 亿美元用于推进生物技术、生物制品和生物材料领域的创新研究等。拜登和时任商务部部长宣布将在全国建立 31 个区域技术中心以引领未来产业发展，31 个区域技术中心涵盖自主系统、量子技术、药物、生物技术、清洁能源、关键矿产、半导体、先进材料等 8 个领域，每个区域技术中心将获得 4000 万 ~7500 万美元的资助。

（四）聚焦技术主权重塑全球竞争格局

特朗普 2.0 政府秉持“美国优先”核心理念，聚焦技术主权重构与产业链本土化，通过政策组合拳重塑未来产业全球竞争格局。特朗普政府以“国家安全”名义升级技术封锁，重点针对半导体、AI、量子计算等战略领域。美国商务部发布《人工智能扩散框架》，将任何使用美国专利的 AI 芯片列入禁运清单，同时对涉及 14 纳米以下先进制程芯片制造设备、AI 训练算力平台、量子加密技术实施全面出口管制，并将限制范围扩展至“第三方中转”国家。启动“数字铁幕计划”，禁止美企向中国科技公司提供云端算力服务，切断 OpenAI、Anthropic 等头部 AI 企业与中国市场技术接口。美国构建技术联盟的策略正从“小院高墙”向“多极技术联盟”调整，其重心从管控战略性新兴技术创新要素流动，转向侧重体系化争夺新型基础设施、技术供应链、技术生态体系等结构性技术权力。国防领域，2024 年 12 月，美国国防部首席数字和人工智能办公室（CDAO）成立了人工智能快速能力（生成）小组（AI RCC），负责加速推进前沿和先进人工智能的军事应用。2025 年 1 月，五角大楼宣布 2025 年的军事投资方向，包括无人武器、航天技术和生物化学领域。国防高级研究计划局（DARPA）计划启动一项名为“强大的量子传感器（Robust Quantum Sensors，RoQS）”的计划，重点发展抗干扰量子导航、量子雷达隐身技术。同时，允许 SpaceX、Palantir 等民营科技公司直接竞标军用 AI 决策系统项目，推动 ChatGPT 军事化应用进入实战测试阶段。

二、欧盟：携手面向未来发展发力

（一）战略研判明确未来发展方向

《欧盟 2030 工业愿景》（2019 年）报告概述了欧洲工业至 2030 年的发展趋势和展望，提到欧洲在以下重点领域面临发展机遇：基因编辑，医学生物技术，量子技术（计算、通信和传感器），3D 打印，碳捕获、储存和利用技术，氢燃料电池，人－网络－物理交互技术（基于触觉、情感和声音技术的应用程序），大数据，区块链技术，深度人工智能技术。《加强面向未来欧盟产业战略价值链》（2019 年）报告旨在提升欧盟在六大战略产业领域的竞争力和全球领导地位。六大战略领域包括互联、清洁和自动驾驶汽车，氢技术和系统，智能健康，工业物联网，低碳产业，以及网络安全。2020 年发布的《欧洲新工业战略》则强调欧洲需增强工业和战略自主性，支持开发对未来欧洲工业至关重要的技术，包括机器人、微电子、高性能计算与数据云基础设施、区块链、量子技术、光子学、工业生物技术、生物医学、纳米技术、制药、先进材料和技术。《工业 5.0：使能技术》（2020 年）报告认为，工业 5.0 的实现须依靠一套复杂的技术系统，即将智能材料与嵌入式生物传感器相结合，并进一步提出了六种使能技术。（1）个性化的人机交互，涉及以下关键技术领域：多语言语音、手势识别和意识预测，精神和压力跟踪技术，协作机器人，增强、虚拟或混合现实技术，仿生设备和安全设备，与人工智能和人类大脑的优势相匹配的技术（例如，将创造力与分析技能相结合的技术），决策支持系统。（2）生物灵感技术和智能材料，涉及以下关键技术领域（属性）：自修复、轻量级、可回收、源于废物的原材料，生活材料的集成，嵌入式传感器技术和生物传感器技术，自适应、内在可塑性材料。（3）数字孪生和模拟系统。（4）数据传输、存储和分析技术。（5）人工智能，需要进一步突破以下方面：强因果关系人工智能，显示相关性之外的关系和网络效应，在没有人类支持的情况下应对新情况或意外情况的能力，脑机接口，以人为中心的人工智能，深度学习（专家知识与人工智能相结合），人机技能匹配，安全、节能的人工智能，提升处理复杂数据和揭示数据间潜在关联性的能力。（6）能源的高效利用、可再生、存储和自主性方面的技术，涉及可再生能源的整合、制氢和 Power-to-X 技术、智能粉尘和能源自主传感器、低能耗数据传输和数据分析。《“地平线欧洲”（2021—2027）》（2021 年）报告认为，可持续性、以人为中心和弹性是工业 5.0 的显著特征，工人将密切参与新工业技术的设计和部署，包括机器人技术和人工智能。该战略明确强调，要重点推进个性化人机交互、仿生技术与智能材料的创新发展。同时，数字孪生与仿真技术、数据传输、存储及分析技术、人工智能等领域也将成为发展重点。此外，战略还聚焦于提升能源效率、推动可再生能源技术、优化能源存储以及自主技术的发展。

（二）战略规划指引重点领域发展

《气候中性的欧洲氢能战略》（2020 年）明确将“绿氢”（利用可再生能源生产的氢能）作为未来发展的重点，并指出在中短期内，仍需要依靠“蓝氢”（通过化石能源生产并配以碳捕捉技术的氢能）来推动氢能市场的发展与成熟。《工业 5.0：迈向可持续、以人为本和富有弹性的欧洲工业》（2021 年）战略是欧盟科技创新政策的重要组成部分，提出了三大支柱：一是卓越科学，强调基础研究；二是全球挑战与欧洲产业竞争力，侧重应用研究；三是创新型欧洲，注重产业化。在“全球挑战与欧洲产业竞争力”支柱下，提出支持六大科研集群，涵盖：（1）健康科研集群，聚焦全生命周期健康管理、环境与社会对健康的影响、非传染性疾病及罕见病等，并开发健康护理器械、技术及数字解决方案；（2）文化、创意与包容性社会科研集群，研究民主、文化遗产及社会经济转型等问题；（3）社会安全科研集群，关注灾害韧性建设与风险防范，提升安全技术和网络安全；（4）数字、产业与空间科研集群，涵盖制造技术、关键数字技术、人工智能、机器人、下一代互联网、空间技术等领域；（5）气候、能源与交通科研集群，集中于气候科学、能源转型、智能交通与能源存储等；（6）食品、生物经济、自然资源、农业和环境科研集群，关注环境监测、生物多样性、农业与循环系统等领域。《数字欧洲计划》（2021 年）旨在弥合数字技术研究与市场化之间的差距，重点支持超级计算、人工智能、网络安全、高级数字技能等领域。《欧洲量子技术宣言》（2023 年）提出将欧洲打造为“世界量子谷”，强调量子计算、模拟、通信、传感和计量学是战略性的新兴领域，将对技术能力带来范式变化，并致力于在这些领域加强技术发展与能力建设，保持全球领先地位。

（三）建强优势创新能力

《欧洲芯片法案》（2023 年）提出，到 2030 年，欧盟的半导体全球市场份额要翻一番，达到 20%，并加强欧洲在先进芯片设计、制造和封装方面的创新能力，确保芯片供应链的安全，减少对亚洲等地区的依赖。法案中的“欧洲芯片倡议”（The Chips for Europe Initiative）是三大行动支柱之一，旨在重点开发和部署尖端半导体技术、下一代半导体技术以及量子技术。该倡议提出了五大实施目标：一是建立集成半导体技术的先进设计能力，打造和维护虚拟设计平台；二是加强现有试验线，并开发新型试验线，以便推进尖端和下一代半导体技术的研发；三是提升先进技术和工程能力，推动量子芯片及相关半导体技术的创新；四是建立一个覆盖欧盟的能力中心网络，涉及人才引进、培训及技能提升等；五是设立“芯片基金”，为半导体价值链中的初创企业、成长型企业和中小企业提供资金支持与指导。6G 领域，欧盟的目标是在 2030 年实现 6G 商业部署，预商用试验将于 2028 年开始，标准化流程也已通过 3GPP Release 19 启动。欧盟通过智能网络和服务联合项目（SNS JU）等资助相关研究项目。2025 年 1 月，欧盟启动四大 6G 项目，包括 SUSTAIN-6G、6G VERSUS、AMBIENT 6G 和 SNS-COOP，总预算 3960 万欧元，分别聚焦网络的可持续性发展、网络弹性、以人为本的设计和协作。

三、英国：探索适应未来发展道路

（一）探索国家发展新机遇

为应对脱欧带来的负面影响，英国对全球局势进行了重新评估。英国认识到，当前正面临四大挑战：人工智能对生活和工作方式的深远影响、碳排放和绿色增长的压力、人口老龄化问题，以及未来交通的转型。因此，2017 年，英国发布了《产业战略：建设适应未来的英国》白皮书，提出为确保民众能够从未来产业变革中受益，必须聚焦应对这四大挑战的四大未来产业发展方向：（1）人工智能与数据经济，重点涵盖未来观众、量子技术商业化、创意产业集群、数字安全和下一代服务；（2）未来交通，涵盖电力革命、未来飞行、法拉第电池挑战赛、国家卫星测试设施、机器人技术和无人驾驶汽车；（3）老龄化社会，着重推动加快疾病发现、健康老龄化、早期诊断、精确医学以及先进医疗保健的发展；（4）清洁增长，聚焦低碳工业、低成本核能、敏捷制造、能源复兴、智能可持续塑料包装、建筑改造和施工、创新粮食生产及基础工业的变革。

（二）科研体系优化支撑领域发展

2019年，英国工程与物理科学研究委员会成立了包括光子学、液态金属、靶向医疗、先进粉末工艺、复合材料、先进计量、连续制造、先进结晶及化合物半导体等13个未来制造业研究中心，重点支持早期研究的商业化，推动新技术和新商业模式在未来制造业中的快速应用。2023年，英国对科技管理体系进行了重组，成立了科学、创新与技术部（DSIT），并发布了《科学技术发展框架》，旨在使英国到2030年成为科学技术超级大国。该框架聚焦五大关键领域：人工智能、工程生物学、未来电信、半导体和量子科技。

（三）投资拉动未来产业萌芽

近年来，英国加大了对未来产业的重点领域投资。英国科学、创新和技术部（DSIT）发布了《国家半导体战略》，计划在10年内投入10亿英镑，确保在新一代半导体技术方面保持全球领先地位；同时，发布了《国家量子战略》，10年内同样投入10亿英镑，力求到2033年使英国成为全球量子经济的领军者。英国国家科研与创新署（UKRI）也投入了2.5亿英镑，用于支持人工智能、量子技术和工程生物学等变革性技术的研究，推动在疾病诊断与治疗、废物转化为燃料以及在没有卫星的情况下进行导航等领域的重要技术进展。其中，1.1亿英镑将用于进一步推动人工智能和数据经济的投资，支持实施国家人工智能战略；7000万英镑将用于加速量子技术的研发和量子计算测试平台的建设；另外7000万英镑用于建立合成生物学研究中心网络，提供针对粮食系统、生物医学、清洁增长和环境等领域的创新解决方案。2024年10月，英国召开国际投资峰会，商业贸易部发布《投资2035——英国现代工业战略》绿皮书，针对投资水平持续低迷、区域发展不平衡、新技术传播应用不佳、市场活力减弱等问题，重点关注先进制造、清洁能源产业、创意产业、国防、数字和技术、金融服务、生命科学、商业服务等该国具有竞争优势的八个领域。

四、德国：着眼未来摆脱当下危机

（一）危机“倒逼”未来产业布局

自2008年国际金融危机和债务危机爆发以来，德国于2011年发布的《高技术战略2020》提出了“工业4.0”概念。然而，2020年新冠疫情对德国工业造成了重创，尤其是汽车等行业遭遇了重大打击。为应对疫情带来的经济冲击，德国推出了2020年的新冠危机刺激经济计划，其中500亿欧元将用于投资未来产业。这些未来产业的研发重点包括：（1）药物和疫苗领域，重点改善医护条件、建设数字基础设施、生产重要药物和医疗设备、研发新冠病毒疫苗以及支持药品创新机构；（2）电动汽车领域，涵盖电动汽车、充电基础设施，以及商用车辆和公共交通工具的电动化；（3）氢能技术，涉及氢能技术研发、燃料电池供热系统及氢气运输等；（4）数字化和通信领域，包括电子政务系统、5G和6G通信技术；（5）人工智能和量子技术，重点支持超级计算机、量子计算机和量子加密技术的研发。

（二）强化前沿颠覆性技术攻关

2023年德国发布《研究与创新未来战略》，通过前瞻技术布局、设立新型组织、构建敏捷性政策以及拓宽创新参与面等举措推动未来产业发展，提出要加强数字技术、绿色技术、生命健康、深空深海、气候保护、粮食安全等领域的前瞻性新兴技术研究。（1）数字技术：继续加强与技术和数字主权高度相关的基础研究；开发对未来发展至关重要的尖端技术；促进生物技术与数字化、微型化和人工智能等其他尖端技术相结合；创建材料领域的数字孪生；大力发展增材制造技术；大力发展人工智能、半导体、量子、光子等数字化相关技术。（2）绿色技术：在原材料行业开发无排放的新技术和新工艺，大力发展轻型建筑；利用数字化技术，减少资源消耗；引领未来高性能、安全、资源和节能通信系统开发，如6G；使德国成为氢能领域的全球技术领导者，快速发展绿氢经济；使德国成为全球电池研究、生产和回收中心；继续推动核聚变研究，开发新颖的概念和技术路线，以确定核聚变发电在技术上是否可行；加强新型交通模式研究，如电动垂直起降飞机、空中交通等；开发全欧货运信息平台，加速物流行业的数字化转型。（3）生命健康：基于生命科学、生物医学与成像、通信技术加速开发并推广应用个性化医疗；利用数字化潜力进行健康研究和健康护理；将人工智能应用至医疗诊断和治疗中；开发安全有效的药物、疫苗和诊断方法；加速医疗设备创新。（4）深空深海：制定新的空间战略；基于大科学装置进一步增进对暗物质、暗能量和宇宙演化等的认识；设立新的德国天体物理中心；发射更多机器人以研究和探索其他天体；进一步加深对全球海洋、深海和极地的了解以保护海洋生物多样性和生态系统；更多地采用自动化的方法进行海洋观测，并提高观测数据的可用性。（5）气候保护：开发全球高分辨率气候模型系统；完善温室气体综合监测系统；推广全球碳排放交易体系等。（6）粮食安全：发展有机农业，开发渔业和水产养殖新技术，提高粮食和饲料安全标准，通过农业、林业、渔业等实现原材料和粮食的自给自足，构建可持续的农业和食品系统。

（三）战略行动计划引导产业投资

近年来，德国加大了对未来产业相关高技术领域的投资。德国联邦教研部（BMBF）发布了《人工智能行动计划》，提出新增20项以人工智能研究、技术和基础设施发展为重点的措施，并在本届政府任期内实现投入超过16亿欧元，助力德国在国家和欧洲层面促进人工智能的发展。德国联邦政府还通过《量子技术行动计划》制定了2023—2026年量子技术行动战略框架，并承诺与科学组织共同为该计划提供约30亿欧元的资助，旨在推动量子技术的研发和应用，确保德国在量子技术和技术主权领域的全球领先地位。同时，德国联邦内阁发布了新版《国家氢能战略》，进一步细化氢能发展目标，确保氢能及其衍生品的充足供应和氢能应用技术的市场发展，为氢能生产、运输和利用提供关键的指导框架。德国教研部通过相关研究的资助指引方向，仅在氢领域示范项目中的投资就超过7亿欧元。

五、日本：未来愿景牵引发展方向

（一）设立“超智能社会”目标愿景

日本政府在2016年第5期《科学技术基本计划》中提出了“社会5.0”概念，强调要最大化应用现代信息通信技术，通过虚拟与现实空间的高度融合，解决经济和社会问题，创造一个更加美好的未来，共同构建一个能够为人类带来更好生活的“超智能社会”。这一战略积极应对经济与社会发展中的挑战，强化科技创新基础，推动人力资源建设和知识基础的夯实，同时推进研究资金制度改革，着眼于创新驱动，构建人才、知识和资金的良性循环体系，促进开放创新。为了实现这一“超智能社会”的愿景，日本重点关注各种“物”的网络连接，力求实现高度系统化、联合化和协调化。此外，日本政府还计划在接下来的5年内确保研发投资的规模，并力争政府和民间研发支出总额占GDP的比例超过4%，其中政府研发投资占GDP的比例将达到1%。

（二）“超智能社会”愿景指引领域方向

在“社会 5.0”愿景的牵引下，日本对未来产业展开了大量的部署。《未来投资战略 2017：为实现“社会 5.0”的改革》中提出聚焦发展八大战略领域，即生命健康领域、交通出行领域、世界领先的智能供应链领域、基础设施和城市建设领域、金融技术创新及应用领域、能源与环境领域、机器人革命与生物材料革命领域、新型居住生活服务市场；2017 年发布面向“社会 5.0”的《新产业结构蓝图》，提出了未来的新产业和服务，包括自动驾驶汽车、保险与评级智能化、原创新药、功能食品、尖端材料制造、生物能源、个性化医疗药品、护理关怀计划、维护保养服务、智能化授信、理财咨询服务等；2020 年日本《科学技术创新综合战略 2020》从“社会 5.0”具体路径出发，明确提出面向创造未来产业及挑战社会变革的研发，重点领域包括公共卫生、人工智能、超算、大数据分析、卫星、智能实验室、远程商业、低能耗技术、清洁能源、生物技术等。

（三）战略引导重点领域快速发展

近年来，日本在未来产业的关键领域推出了一系列重要举措。日本政府制定《量子未来产业创造战略》，明确了 2030 年量子战略目标，包括量子技术的利用人数达到 1000 万人、相关产额达 50 万亿日元规模、打造量子独角兽风险投资企业等。日本政府发布《人工智能战略 2022》，提出运用人工智能技术强化产业竞争力，使日本成为全球产业的领跑者。此外，日本经济产业省发布了新版《氢能基本战略》，旨在推进氢能产业化发展，重点关注启动速度较快、未来市场潜力巨大的领域，以及日本在技术上具有优势的氢能应用领域。未来 15 年，日本计划在氢能供应链中进行超过 15 万亿日元的公私投资，以支持该产业的发展。核聚变领域，日本政府于 2023 年 4 月制定了首个以核聚变为主题的国家战略——《聚变能源创新战略》，并设立产业协议会，持续完善产业化环境。2025 年 6 月，日本政府发布修订版《聚变能源创新战略》，明确提出聚变能产业化十年愿景，表示力争在 21 世纪 30 年代率先实现聚变能商业化发电，确立日本在全球聚变能源领域的领先地位。

第三节
国内主要省市未来产业重点布局

在全球科技和产业快速变革的大趋势下，我国高度重视未来产业超前布局，抢抓新赛道、新模式、新机遇。国家部门、地方政府相继出台政策文件，推动未来产业布局，对未来产业发展进行了指导和规范。北京、上海、江苏、浙江、广东、山东、湖北等国内先进省市也陆续出台未来产业政策文件，对布局方向、重点任务等进行了具体部署，以政策牵引未来产业发展，前瞻布局成效显著。

一、北京未来产业政策体系与方向布局

（一）未来产业创新发展的主要政策

2023 年 9 月，北京市政府发布了《北京市促进未来产业创新发展实施方案》，提出通过前沿技术能力供给引领新场景、创造新需求，并推进“技术 – 产品 – 标准 – 场景”联动迭代，系统构建技术产品化、产品产业化、产业规模化的全链条未来产业生态。北京市将聚焦六大领域，实施八大行动，力争抢占未来产业发展先机，将北京打造成为世界领先的未来产业策源高地。过去两年，北京市密集发布了不同领域的创新政策和实施计划，为未来产业发展进行前瞻布局，并奠定了政策基础。这些政策和规划包括：《北京市促进数字人产业创新发展行动计划（2022—2025 年）》《氢能产业发展中长期规划（2021—2035 年）》《关于推动北京互联网 3.0 产业创新发展的工作方案

（2023—2025年）》《北京市促进通用人工智能创新发展的若干措施》《北京市加快建设具有全球影响力的人工智能创新策源地实施方案（2023—2025年）》《北京市机器人产业创新发展行动方案（2023—2025年）》《关于北京市支持新型储能产业发展的若干政策措施》《北京市加快商业航天创新发展行动方案（2024—2028年）》《关于促进中关村延庆园无人机产业创新发展行动方案（2024—2026年）》《北京市支持创新医药高质量发展若干措施（2024年）》《北京市算力基础设施建设实施方案（2024—2027年）》。此外，结合北京经济技术开发区和昌平未来科学城的建设，北京市政府还发布了多项区域性政策，包括《北京经济技术开发区关于促进医药健康产业高质量发展的若干措施》《北京经济技术开发区关于促进高端医疗装备智造产业高质量发展的若干措施》《北京经济技术开发区关于促进细胞与基因治疗产业高质量发展的若干措施》《昌平区支持合成生物制造产业高质量发展的若干措施（试行）》等。

（二）未来产业重点方向与领域布局

作为全国科技创新中心，北京市政府提出重点培育新一代信息技术、集成电路、医药健康、智能装备、节能环保、新能源智能汽车、新材料、人工智能、软件和信息服务及科技服务业等高精尖产业，致力于打造新的发展动能。为推动人工智能、类脑芯片、生命科学和深空等创新领域的主体建设，北京市已支持建设了多个世界一流的研发机构，包括北京量子信息科学研究院、北京脑科学与类脑研究中心、北京智源人工智能研究院、北京雁栖湖应用数学研究院、中国科学院北京纳米能源与系统研究所、北京干细胞与再生医学研究院、启元实验室以及北京生命科学研究所等8家领先的创新平台。此外，在高精尖产业强链工程中，首批支持的创新联合体包括兆易创新、旷视、天智航、利亚德、小米、谊安医疗和赛诺威盛等7家领军企业。这些企业牵头的联合体将共同推动相关产业链的创新和发展。与此同时，北京还积极探索建设专注于原创新药、基因技术、智能硬件、元宇宙、量子信息、类脑智能、未来网络、智慧能源、关键材料等前沿领域的标杆孵化器，旨在支持前沿科技成果转化和硬科技企业的孵化，进一步促进科技与产业的深度融合。各区结合自身经济发展特点，开展未来产业布局，如北京经济技术开发区聚焦“未来车”“未来药”“未来芯”“未来机器人”等重点领域进行布局（表1–1）。

表1–1　北京市未来产业方向布局

领域	重点方向
未来信息	通用人工智能、6G、元宇宙、量子信息、光电子

（续表）

领域	重点方向
未来健康	基因技术、细胞治疗与再生医学、脑科学与脑机接口、合成生物
未来制造	类人机器人、智慧出行
未来能源	氢能、新型储能、碳捕集封存利用
未来材料	石墨烯材料、超导材料、超宽禁带半导体材料、新一代生物医药用材料
未来空间	商业航天、卫星网络

（三）未来产业培育发展的有关成效

近年来，北京市多个未来产业科技园区陆续落地开工。在科学技术部、教育部批复的十家未来产业科技园建设试点中，北京市的空天科技未来产业科技园、国防与信息安全未来产业科技园两园区入选。2024 年以来，在氢能、合成生物等领域布局重大平台，推动人形机器人创新中心升级为部市共建，并围绕人工智能、光电子等领域建设了 10 家未来产业育新基地。北京经济技术开发区（亦庄）在 17 个产业空间内布局了 20 个未来产业细分领域产业；北京经济技术开发区国家信息技术应用创新产业园已落地 240 余家信创领域企业，集聚起全国多家信创产业头部企业，牵引数字经济全要素资源聚集；智能网联汽车创新园建成；“全国示范性星箭园区”规划出炉，正在做开工前的最后准备，将打造成服务研发、设计、制造、应用全产业链条的“北京火箭大街”；北京还在亦庄和昌平“一南一北”布局两个机器人产业园。未来科学城建设能源谷，先后获评全球可持续发展商务区标准试点城市、国家级“零碳园区”标准试点城市，新能源耦合示范园区和未来星科低碳产业园项目正在施工建设。门头沟建成了昇腾智算中心，并成为华北地区首个“国家新一代人工智能公共算力开放创新平台”。此外，中关村人工智能大模型产业聚集区、互联网 3.0 产业基地等未来产业示范区即将崛起。

2024 年，小米昌平智能工厂正式投产，实现机器人在“黑灯”工厂上岗，年产千万台手机。自动驾驶示范区核心区已经运营 60 平方千米，其余 100 平方千米已建成正在调试，2024 年上半年还将布局通州、顺义。“天鹊”液氧甲烷发动机已得到地面验证，正在筹备在商业火箭上的验证飞行。中国产业海外发展协会与北京经济技术开发区企业协会共同发起的北京经济技术开发区未来产业联盟揭牌成立，助推未来产业发展。北京在智能新能源汽车、商业航天、机器人、医药健康、人工智能等未来产业新领域新赛道培育出一大批独角兽企业。在人工智能领域，北京独角兽企业数量居全国首位；在商业航天领域，全国近 70% 商业航空航天独角兽企业诞生于北京。

北京市级层面围绕未来产业细分领域构建了“1+20+N”政策体系，已在 6G、脑机接口、新型储能等 15 个领域推出 38 项精准政策措施，不断开辟原子级制造等新的领域。北京打造了“政府资金引导 + 基金领航 + 金融护航”的产业全周期资本体系，截至 2025 年 3 月中旬，8 只新设市级政府投资基金已支持 84 个未来产业项目，占已出资项目的 56%。

二、上海未来产业政策体系与方向布局

（一）未来产业创新发展的主要政策

2022 年，上海市政府发布了《上海打造未来产业创新高地发展壮大未来产业集群行动方案》，全面推动未来产业的布局与发展。预计到 2030 年，上海将在未来健康、未来智能、未来能源、未来空间、未来材料等领域涌现一批具有世界影响力的硬核成果、创新企业和领军人才，未来产业的产值将达到 5000 亿元。2023 年 3 月，上海设立了张江、临港和大零号湾三大未来产业先导区，致力于在制度创新、政策供给、成果转化和示范应用等方面发挥先导作用。上海（张江）未来产业先导区将利用大科学装置、高能级创新平台和硬核产业集聚的优势，依托综合性国家科学中心和国际一流科学城的定位，重点布局未来健康、未来芯片、未来智能和未来能源材料等领域。预计到 2030 年，未来产业的规模将达到 2000 亿元。上海（临港）未来产业先导区将依托自贸试验区的制度开放优势和前沿产业集群优势，秉持国际开放创新的理念，积极融入全球创新网络，重点布局未来健康、未来智能、未来能源、未来空间等关键领域。预计到 2030 年，未来产业的规模将达到 1000 亿元。上海（大零号湾）未来产业先导区将发挥高校资源集聚、全球创新创业集聚区品牌和紫竹国家级高新区高端产业集聚优势，致力于校企联动融合创新、科技成果转化及创新创业，重点布局未来智能、未来能源和未来空间三大方向。到 2030 年，预计该区域的未来产业规模也将达到 1000 亿元。

（二）未来产业重点方向与领域布局

上海在未来产业布局时，主要依据 5 个标准来进行规划：一是技术的“前沿性”，未来产业通常处于技术和市场的孕育期，需探索最优的技术路径，并加快其发展与壮大；

二是需求的“突破性”，未来产业面向的是人类对信息计算、生命质量、资源利用和空间拓展的突破性需求，具有巨大的潜力；三是影响的“颠覆性”，未来产业将颠覆传统技术领域和技术路线，对生产力和生产关系产生深远的变革性影响；四是价值的“战略性”，未来产业涉及的领域在全球产业竞争与合作中具有战略意义，将推动国际标准的形成，成为行业的风向标；五是前景的“爆发性”，未来产业的技术成熟后，能产生强大的效益爆发力，将给经济、社会和人们生活各方面带来广泛的影响和推动。具体领域的布局方向见表 1–2。

表 1–2　上海市未来产业方向布局

领域	重点方向
未来健康	脑机接口、生物安全、合成生物、基因和细胞治疗
未来智能	智能计算、通用 AI、扩展现实（XR）、量子科技、6G 技术
未来能源	先进核能、新型储能等
未来空间	深海探采、空天利用等
未来材料	高端膜材料、高性能复合材料、非硅基芯材料

（三）未来产业培育发展的有关成效

上海市未来产业发展的布局涵盖了多个关键视角，包括技术、布局、伙伴、场景、人才和生态等，并提出了六大行动计划。2024 年度，上海市组织开展未来产业试验场“揭榜挂帅”工作，专注于八大关键领域——生物制造、量子科技、6G 技术、新型储能、商业航天、低空经济、深海探采以及非硅基芯材料，旨在发掘和培养一批掌握核心技术的创新领军单位。在具体产业领域，上海已组建 5 个未来产业专委会，并着力编制了未来产业的“一业一方案”。例如，已发布了基因和细胞治疗、合成生物、新型储能、商业航天、AI 大模型等细分领域的行动方案，并编制了未来制造、XR 科技、深海探采、量子科技等未来产业白皮书。此外，上海还支持浦东新区、嘉定区等地制定区级行动方案，并支持未来产业先导区发布专项支持政策。在科学技术部和教育部批复的十家未来产业科技园建设试点中，上海市的未来能源与智能机器人未来产业科技园、自主智能未来产业科技园两园区成功入选。

上海在张江、临港和大零号湾三大未来产业先导区的建设方面，均取得了显著进展。张江未来产业先导区加快推进生物医药分段生产试点，并正在建设上海合成生物学创新中心，力争打造全球领先的合成生物学产业集群。该区还在细胞与基因疗法领域取得领先，已占全国细胞与基因疗法临床试验项目的 1/4，并推出中国首款和第二款 CAR-T 细胞药物，推动细胞治疗领域的前沿探索。多家知名企业如和记黄埔、君实生物、奥浦迈等已在张江创新药产业基地落地产业化项目，同时，瑞柯恩等本土创新企业也在医疗器械产业基地发展壮大。临港新片区未来产业先导区已引入和建设 5~10 个国家级实验室和重大科学基础设施，成功打造了 20 多个未来产业创新平台，并组建了 10~15 家未来产业创新联合体。临港正通过建设“滴水湖 AI 创新港”，加速打造未来智能产业的集聚地。大零号湾未来产业先导区在政策支持方面表现突出，金融港的基金规模已超 200 亿元，由 60 家基金管理人组成的科创金融联盟为不同发展阶段的企业提供多层次、多元化的金融服务支持。区内已有 70 万平方米的创新载体建成，50 万平方米的载体在建，并且已有 22 家国家级研发机构、152 家市级研发机构及 46 家外资研发中心落地。

三、浙江未来产业政策体系与方向布局

（一）未来产业创新发展的主要政策

早在 2017 年，浙江省杭州市便发布了《加快推动杭州未来产业发展的指导意见》，明确将人工智能、虚拟现实、区块链、量子技术、增材制造、商用航空航天、生物技术和生命科学等确定为未来产业的七大重点领域。2022 年，浙江省发布了《浙江省未来产业先导区建设的指导意见》，首批明确建设 8 个未来产业先导区，并计划到 2025 年打造约 30 个具有特色和引领作用的未来产业先导区，支持杭州和宁波争创未来产业先导区。2023 年，浙江省发布了《浙江省人民政府办公厅关于培育发展未来产业的指导意见》，明确提出优先发展 9 个未来产业，并着力培育 6 个未来产业领域。此外，2024 年初，浙江省财政厅和省经济和信息化厅联合推出了未来产业（人工智能）先导区财政专项激励政策，确定支持 10 个县（市、区）作为未来产业（人工智能）先导区。同时，重点城市杭州和宁波也分别出台了《未来科技城培育发展未来产业行动计划》和《宁波市加快培育发展未来产业行动方案》。在具体产业方向上，浙江省陆续发布了《浙江省元宇宙产业发展行动计划（2023—2025 年）》和《浙江省人民政府办公厅关于加快人工智能产业发展的指导意见》，进一步推动未来产业的创新与发展。

（二）未来产业重点方向与领域布局

浙江省未来产业先导区建设的首批布局包括杭州城西科创大走廊人工智能、德清北斗地信、海宁第三代半导体、空天产业（无人机与卫星互联网）、未来网络（6G）、中国眼谷眼健康、宁波柔性电子和绍兴市越城区第三代半导体等8个未来产业先导区。这些先导区的建设将推动浙江省在高新技术和前沿产业的快速发展。2023年发布的《浙江省人民政府办公厅关于培育发展未来产业的指导意见》明确提出优先发展未来网络等9个创新基础良好、成长较快的未来产业，并着力培育发展量子信息等6个尚在集聚阶段、远期潜力巨大的未来产业（表1–3）。这一战略布局旨在通过集中资源、创新政策，推动浙江省在未来产业的竞争力和引领地位不断提升。

表1–3　浙江省未来产业方向布局

领域	主要内容
优先发展创新基础良好、成长较快的未来产业	未来网络、元宇宙、空天信息、仿生机器人、合成生物、未来医疗、氢能与储能、前沿新材料、柔性电子
探索发展6个潜力巨大的未来产业	量子信息、脑科学与类脑智能、深地深海、可控核聚变及核技术应用、低成本碳捕集利用与封存、智能仿生与超材料

（三）未来产业培育发展的有关成效

浙江省积极推进未来产业先导区的建设，首批8个省级未来产业先导区的创建工作进展顺利，成功吸引了大量高层次人才，进一步夯实了技术基础，创新活动在促进未来产业发展方面的作用日益增强。到目前为止，8个先导区已开展了近200项技术攻关项目，并获得了超过1800项发明专利，部分地区的特色优势也得到了显著体现，像宁波柔性电子未来产业先导区（宁波高新区），依托西北工业大学宁波研究院，在中国柔性电子学科奠基人黄维院士的带领下，累计承担各类竞争性科研课题150余项，已开发多项处于国际领先水平的新材料成果，宁波柔性电子产业已形成发明专利220项。

先导区聚焦特定领域的未来产业，持续加大重大项目招引力度，加快推动落地实施。截至2024年7月，8个先导区已集聚超过250家行业核心企业，实施了140多个产业化项目（包括在建项目），项目建成后预计将实现120亿元以上的产值。其中，中国眼谷眼健康未来产业先导区、杭州城西科创大走廊人工智能未来产业先导区、宁波柔性电子未来产业先导区的产业化项目数量分别为50个、20个和20个，在数量上位居前列。先导区立足自身实际，切实加强产业公共服务平台建设，积极探索科技成果快速产业化的有效路径，目前累计建成 9 个行业性中试中心，研发关键性产品 150 多项。像未来网络（6G）未来产业先导区，借鉴姑苏实验室经验，探索成果交易前置模式，解决创新成果转化效率低下等难题，企业通过预付成果转让费，提前转让知识产权，将资金投向重大基础研究领域。德清北斗地信未来产业先导区依托德清科技大市场，引入浙江大学、浙江工业大学等 7 家高校技术转移中心，并成立了德清（华中）地信科创飞地，累计培育了 18 家行业级和场景级系统解决方案供应商。未来网络（6G）未来产业先导区设立了总规模为 30 亿元的“中国视谷”产业投资基金，支持“中国视谷”核心区及未来网络先导区的技术攻关、项目招引、企业培育和平台建设。同时，西安电子科技大学杭州研究院设立了“概念验证基金”，每年出资 2000 万元，资助优势项目加速落地。德清北斗地信未来产业先导区还设立了 5000 万元的科技创业种子资金，重点扶持未来产业方向的科技型中小企业。绍兴市越城区第三代半导体未来产业先导区则成立了 200 亿元的未来产业孵化基金。

之江实验室聚焦智能计算方向，不断推动智能计算在产业变革中的跨越式发展，致力于打造具有世界领先水平的科技创新基地。实验室自主研发的“极光 1000- 慧眼”星载智能计算机已经随卫星成功发射并投入使用。图灵小镇 AIGC 智算中心也在近期启用，标志着当地人工智能产业发展的新起点。同时，全球容量最大的超重力离心模拟与实验装置大楼在杭州已结顶，杭州极弱磁场国家重大科技基础设施首个交叉研究平台的基础设施项目也正式开工。在制造业方面，浙江全省已培育了 72 家未来工厂和 794 家智能工厂（数字化车间）。根据规划，到 2027 年，浙江将建成 120 家未来工厂和 1200 家智能工厂（数字化车间）。

四、江苏未来产业政策体系与方向布局

（一）未来产业创新发展的主要政策

2023 年 11 月，江苏省政府印发了《省政府关于加快培育发展未来产业的指导意见》，提出要加强原始创新和颠覆性创新，结合市场主导与政府引导，扩大国内外高水平合作，重点培育创新策源、转化孵化、应用牵引和生态营造的产业链条。该意见还明确提出要打造自主可控、系统完备、先进安全的“10+X”未来产业体系，构建江苏的新型工业化竞争优势，推动全省现代化产业体系建设，增强新质生产力和发展新动能，致力于打造具有全球影响力的产业科技创新中心。2023 年 9 月，苏州市出台了《市政

府关于加快培育未来产业的工作意见》，结合电子信息、装备制造、生物医药和先进材料四大主导产业的规模优势，依托光子、集成电路、人工智能、新能源、创新药物、纳米新材料等战略性新兴产业的发展优势，重点发展前沿新材料、光子芯片与光器件、元宇宙、氢能、数字金融、细胞和基因诊疗、空天开发、量子技术等未来产业。2023年1月，南京市政府发布了《南京市加快发展未来产业六大专项行动计划》，包括新一代人工智能、第三代半导体、基因与细胞、元宇宙、未来网络与先进通信、储能与氢能六大专项计划，计划到2025年，全市未来产业主营业务收入超过3000亿元，发展水平跻身全国第一方阵；到2030年，未来产业主营业务收入超过15 000亿元，成为引领全国未来产业发展的重要力量。

（二）未来产业重点方向与领域布局

江苏省提出优先发展10个成长型未来产业，并超前布局一批前沿性未来产业，紧密跟踪世界科技前沿，把握未来产业变革趋势，力争培育一批新的产业增长点（表1–4）。到2025年，江苏计划建设10个未来产业（技术）研究院、未来技术学院和未来产业科技园等平台，推动50个未来产业领军人才（团队）引育，初步形成“10+X”未来产业体系。到2030年，江苏的未来产业将形成较大规模，技术创新网络、孵化培育链条和政策制度体系将基本完善，10个成长型未来产业将实现从大到强、从有到优的转变。到2035年，未来产业的规模将进一步扩大，涌现出一批具有全球影响力的重大创新成果、世界一流企业和产业集群，未来产业将成为江苏省现代化产业体系的重要支柱。

表1–4　江苏省未来产业方向布局

领域	主要内容
优先发展10个成长型未来产业	第三代半导体、未来网络、氢能、新型储能、细胞和基因技术、合成生物、通用智能、前沿新材料、零碳负碳、虚拟现实
超前布局一批前沿性未来产业	量子科技、深海深地空天、类人机器人、先进核能

（三）未来产业培育发展的有关成效

光子领域，苏州市光子产业集聚企业近1000家，产业规模达3600亿元。光子领域建有国家级创新平台6家、省级创新平台20家、市级创新平台322家。光子领域集聚院士7名、姑苏重大领军团队10个、各级领军人才422名。光子领域累计获得国家级、省级科技奖励16项。长光华芯高功率半导体激光芯片市场占有率全国第一，创鑫激光光纤激光器市场占有率全球第三。未来将以太湖科学城为基地，高标准建设太湖光子中心，打响苏州光子产业新名片；打造中国（苏州）光子产业园，支持太湖光电产业园、太湖光子科技园、亨通光通信科技园等20个子园区建设；组建中国（苏州）光子产业科创联盟，整合光子领域重点实验室、创新中心、研发机构等各类创新平台。

在元宇宙领域，苏州市积极推进元宇宙产业创新发展行动计划，致力于打造元宇宙产业发展的先行示范区。昆山开发区元宇宙产业集聚区已正式揭牌，并设立了规模为10亿元的数字产业（工业元宇宙）基金。此外，50家企业联合成立了长三角元宇宙产业创新联盟，通过跨区域融合，汇聚优质资源，共同探索长三角地区元宇宙技术与数字经济融合发展的前沿路径。17万平方米的元宇宙产业园（云昆大厦）建成启用，一批具有行业影响力的知名企业落户，元宇宙产业配套体系日趋完善，应用场景持续丰富，集聚效应不断显现。由苏州文化投资发展集团与北京邮电大学合作建立的苏州文化元宇宙实验室揭牌。全国首家央地合作共建元宇宙创新中心——苏州移动元宇宙创新中心于2024年1月正式挂牌。

在低空经济领域，苏州市政府印发《苏州市低空经济高质量发展实施方案（2024—2026年）》。截至2025年5月，全市已拥有近350家低空经济产业链相关企业，涉及碳纤维、锂电池、航空发动机、无人机整机等领域，拥有全球最大的无人运输机、全球首款全域自主感知植保无人机、全国最大的空地一体城市全域巡检信息共享系统等多项开创性成果。同时，苏州也是中央空中交通管理委员会认定的全国首批eVTOL试点城市之一，是唯一入选的非省会城市。全国首条低空商业载人试验航线——“苏州中心—苏州北站—阳澄湖景区”的闭环飞行场景也于同期发布，计划于2026年开展示范运营。

在合成生物领域，江苏多地规划、建设合成生物产业园，全力促进产业集聚成势。长三角合成生物产业创新园占地8.67公顷，由常州市、新北区及南京师范大学共建，2023年10月正式开园，截至2025年4月，已集聚脂禾生物、昊禾生物、赛桥生物等60多个、总投资规模120亿元的优质项目。常州在省内率先以市委、市政府名义发布促进合成生物产业发展的专项政策措施，定下到2027年全市合成生物产业产值过千亿元的目标。无锡出台合成生物产业发展的“三年行动计划（2024—2026年）”，并将合成生物列为当地“465”产业集群的未来产业之一。2024年，全市合成生物规上企业20家，营收38.9亿元，同比增长12.2%。无锡也在加快建设专业园区，如无锡高新区的无锡合成生物产业园预计今年竣工，无锡锡山合成生物产业园已交付使用，滨湖区的峰影合成生物装备产业园已启动建设，宜兴市在规划建设康美合成生物产业园。这几个园区各有重点，错位发展，有序竞争。

在数字金融领域，2019—2020 年，苏州市先后落地了全国首个小微企业数字征信试验区、金融科技创新监管及数字人民币等 3 项重要数字金融创新试点。2022 年，苏州市政府发布了“数字金融产业发展三年行动计划（2023—2025 年）”，并率先出台了“关于推进苏州市数字金融产业发展的若干措施”，通过支持数字人民币生态圈企业的落户、数字人民币全国首创场景的落地及数字金融创新项目的实施，推动数字金融产业的发展。2023 年，苏州共评选出数字人民币创新型机构 14 家、数字人民币生态圈企业 2 家、数字人民币试点创新应用场景 5 个、数字金融创新项目 9 个，给予奖励合计 2100 万元。截至 2023 年末，苏州已有超过 600 家数字金融生态圈企业。

五、广东未来产业政策体系与方向布局

（一）未来产业创新发展的主要政策

广东省高度重视未来产业的发展，出台了一系列政策支持未来产业的培育和发展。2024 年 9 月，广东省人民政府印发《关于加快培育发展未来产业的行动方案》，提出瞄准七大重点领域，即未来网络、通用智能、生命与健康、低碳能源、先进材料、未来空间和量子科技，面向全球科技和产业前沿，把握科技创新和产业发展趋势，立足广东现有基础，瞄准重点领域，构建广东未来产业培育体系；在优化空间布局上聚焦“两核、双廊”，广州、深圳充分发挥核心引擎作用，全面培育发展未来产业。在广深港、广珠澳科技创新走廊和深港河套、粤澳横琴科技创新极点开展高水平合作和高效率协同。此外，《广东省科技创新条例》《广东省制造业高质量发展促进条例》等也于 2024 年正式施行，从制度设计和法规层面为培育发展未来产业全面护航。2025 年 3 月，广东省委办公厅、广东省人民政府办公厅印发《广东省建设现代化产业体系 2025 年行动计划》，提出要做好未来产业前瞻布局，深入实施培育发展未来产业行动，抢占具身智能、量子科技、6G 等前沿领域，谋划布局一批省级未来产业创新平台和概念验证中心，争创 1~2 个国家级未来产业先导区。

（二）未来产业重点方向与领域布局

广东省面向全球科技和产业前沿，把握科技创新和产业发展趋势，立足现有基础，瞄准重点领域，构建未来产业培育体系，营造重点突出、特色鲜明、相互促进、协同发展的产业生态。《关于加快培育发展未来产业的行动方案》中，明确了以下未来产

业方向布局（表 1–5）。

表 1–5　广东省未来产业方向布局

领域	重点方向
未来网络	高速全光通信、下一代移动通信、算力网络、光计算与可见光通信
通用智能	大模型、具身智能机器人、未来智能终端、智能无人系统
生命与健康	合成生物、AI+ 生物医药、细胞和基因治疗、脑科学与脑机接口、类器官
低碳能源	新型储能、绿色氢能、先进核能、碳捕集利用与封存
先进材料	仿生智能材料、纳米材料、超导材料、先进金属
未来空间	深海、低空经济、商业航天
量子科技	量子计算、量子精密测量、量子通信

（三）未来产业培育发展的有关成效

人工智能领域，核心产业规模达 1800 亿元，算力规模、企业规模等均居全国第一方阵。智能机器人领域，2024 年，全省工业机器人产量同比增长 31.2%、服务机器人增长 7.2%，产量稳居全国第一，全国每 3 台工业机器人就有 1 台“广东造”。低空经济领域，广东省集聚了全国 30% 以上产业链企业，全球首条跨海跨城电动垂直起降航空器航线在广东开展验证飞行，广州亿航获颁首张无人驾驶载人航空器生产许可证，深圳获批建设国家低空经济产业综合示范区。具身智能领域，广东省具身智能机器人创新中心启动运营，聚焦具身智能核心部件等关键共性技术搭建中试、测试平台。生物制造领域，首创“楼上创新、楼下创业”模式，近 3 年全国新增合成生物企业近一半落户深圳。实施未来产业优质企业梯度培育计划，截至 2024 年底，全省累计培育创新型中小企业超过 5 万家、专精特新中小企业超过 2.7 万家，其中专精特新“小巨人”企业 2089 家，数量均居全国前列，为未来产业的发展提供了强大的企业主体支撑。

六、深圳未来产业政策体系与方向布局

（一）未来产业创新发展的主要政策

2014 年，深圳市政府发布了《深圳市人民政府关于印发未来产业发展政策的通知》，

市财政每年安排 10 亿元，设立未来产业发展专项资金，用于支持产业核心技术攻关、创新能力提升、产业链关键环节培育和引进、重点企业发展、产业化项目建设等。同时，每年安排 5 亿元设立机器人、可穿戴设备和智能装备产业发展专项资金。2022 年，深圳市政府印发并实施了《关于发展壮大战略性新兴产业集群和培育发展未来产业的意见》及各细分领域集群行动计划，全面布局了八大未来产业。《深圳市培育发展未来产业行动计划（2022—2025 年）》系统规划了深圳市未来产业的目标、重点、任务、布局及保障措施，提出要实施“未来产业引领”计划。

2024 年 3 月，深圳市政府印发《关于加快发展新质生产力进一步推进战略性新兴产业集群和未来产业高质量发展的实施方案》，未来产业新增智能机器人产业和前沿新材料产业，区块链产业并入软件与信息服务产业集群，可见光通信与光计算产业调整为光载信息产业，脑科学与类脑智能产业调整为脑科学与脑机工程产业，着力推动合成生物、光载信息等 4 个未来产业，5~10 年内产业规模实现倍数级增长；推动脑科学与脑机工程、深地深海等 4 个未来产业，10~15 年内发展成为战略性新兴产业中坚力量。同时，还制定了《深圳市培育发展未来产业行动计划（2024—2025 年）》，新布局具身智能机器人、光载信息等未来产业。

（二）未来产业重点方向与领域布局

深圳首批布局合成生物、区块链、细胞与基因、空天技术、脑科学与类脑智能、深地深海、可见光通信与光计算、量子信息等 8 个领域。2024 年，滚动更新后布局的方向调整为如下 8 个未来产业：合成生物、光载信息、智能机器人、细胞与基因、脑科学与脑机工程、深地深海、量子信息、前沿新材料（表 1–6）。

表 1–6　深圳市未来产业方向布局

领域	主要内容
首批布局的 8 个产业方向	合成生物、区块链、细胞与基因、空天技术、脑科学与类脑智能、深地深海、可见光通信与光计算、量子信息
动态调整后的产业方向	合成生物、光载信息、智能机器人、细胞与基因、脑科学与脑机工程、深地深海、量子信息、前沿新材料

（三）未来产业培育发展的有关成效

深圳市的新材料、智能机器人等产业集群实现了两位数的增长，数字经济核心产业的增加值突破了 1.0 万亿元。为打造人工智能先锋城市，深圳市发布了 41 个“城市+AI”应用场景清单。此外，深圳市新设立了 7 支产业引导基金，加速推进新型工业化进程。出台实施“四链融合”促进新型工业化意见，新增 3 家国家智能制造示范工厂。加快建设 20 个先进制造业园区，供应工业用地 5.7 平方千米，新开工 75 个“工业上楼”项目、完成投资 351.0 亿元。新增持牌金融机构 18 家、风投创投机构 11 家，社区股份合作公司资金进入风投创投。建成并投入试运行合成生物、材料基因组等大科学设施，开工建设自由电子激光、特殊环境材料、国家超算深圳中心二期等大科学设施。去筹设立深圳医学科学院。获批建设国家生物制造产业创新中心，并揭牌成立了细胞产业关键共性技术国家工程研究中心。加快建设粤港澳大湾区（广东）量子科学中心和国际量子研究院，量子纠错、量子计算等研究取得了新的突破。此外，深圳市新增了 3 家全国重点实验室、8 家国家企业技术中心以及 23 个中小试基地，进一步提升了创新研发能力。

深圳市对合成生物产业前瞻谋划、科学布局，已初步构建起了“基础研究 + 技术攻关 + 成果转化 + 科技金融 + 人才支撑”的全过程创新生态链。截至 2025 年 4 月，近 3 年全国新增的合成生物企业 40% 集聚在深圳，其中八成落户在光明区。截至 2024 年底，光明区已汇聚 120 多家合成生物企业，总估值近 400 亿元。深圳市合成生物产业基金是全国首支政策性综合型合成生物基金、第一批“20+8”产业基金，总规模 15 亿元，出资方包括市区各级引导基金及深创投。该基金重点布局合成生物产业链及相关拓展应用，自 2024 年 9 月正式进入投资期至 2025 年 4 月，已决策出资企业近 10 家，涵盖 AI 蛋白质设计、合成生物数据平台、生物基材料等领域，初步形成覆盖上游工具及技术支持、中游产品研发、下游应用落地的完整产业链条。

第四节
未来产业技术预测与发展潜力

全球积极布局未来产业，立足科技基础、结合现有产业、基于技术预见，探索了一批标志性的未来产业领域和技术发展方向。源于地区条件基础差异，各地对于相似未来产业的命名、定位、发展方向都有不同的表述，对于未来产业关键技术的预测和发展潜力存在不同理解。随着全球各界对未来产业的深入研究和广泛关注，部分未来产业的关键技术领域逐渐清晰，领域分类呈现出一定的趋同性。

一、人工智能

（一）人工智能关键技术

人工智能泛指通过计算机或机器实现人的学习、推理和决策等功能，包括模拟、延伸和扩展人的智能的各种理论、方法、技术。人工智能的技术前沿主要包括：

1. 机器学习技术

机器学习是人工智能的一个核心领域，它赋予计算机系统从数据中自动学习和改进的能力，而无须进行显式的程序编码。其核心在于让算法通过分析大量数据来识别隐藏的模式和规律，并基于这些学习结果对新数据做出预测、分类或决策，从而不断提升其执行特定任务的性能。

2. 深度学习技术

深度学习是机器学习中的一种重要技术，利用多层神经网络自动提取数据特征。通过大量数据的训练，深度学习能够处理图像、语音、文本等复杂任务，广泛应用于自动驾驶、语音识别、图像识别等领域。其优势在于通过多层结构逐步抽象数据特征，提升模型的表现力，特别是在大规模数据的处理和复杂任务上，显示出极强的优势。

3. 强化学习技术

强化学习通过奖励和惩罚机制让系统在与环境互动中逐步优化决策策略。它广泛应用于自动驾驶、游戏和机器人控制等领域，能够通过经验积累不断改进决策过程。强化学习的核心在于使模型在不确定环境中，通过探索和反馈机制，找到最佳决策，适应不同情境中的复杂任务。

4. 感觉感知和识别技术

感觉感知和识别技术使机器能够模拟人类的感官功能，处理和分析来自外部世界的信息。通过图像识别、语音处理等技术，AI 系统能够感知并理解周围环境。这些技术广泛应用于自动驾驶、智能监控等领域，提高了机器的自主感知能力，使其能够更好地与人类进行互动。

5. 人工智能保证和评估技术

人工智能保证和评估技术确保 AI 系统的安全性、公正性和透明性。这些技术包括算法验证、偏差检测等，帮助评估 AI 的决策过程是否合规，并减少潜在风险。通过建立合理的评估框架，确保 AI 决策无偏见、可解释，提升公众对其使用的信任，推动技术的负责任应用。

6. 人工智能基础模型

人工智能基础模型通过大规模预训练，提供通用解决方案，适于多个应用领域。它们能够在自然语言处理、计算机视觉等方面发挥作用，并通过微调应用到具体任务中。基础模型降低了重复开发的成本，使 AI 系统在多种场景中快速实现高效应用，是人工智能技术发展的重要基础。

7. 生成式人工智能系统、多模态和大型语言模型

生成式人工智能系统通过学习数据分布生成新内容，如图像、文本等。多模态技术结合不同数据类型，提升 AI 在复杂任务中的表现。大型语言模型（如 GPT 系列）能够处理多种语言任务，推动了其在智能助手和内容创作等领域的发展。生成式 AI 推动了更高效的人机交互和智能应用的落地。

8. 用于训练、调整和测试的合成数据方法

合成数据方法通过计算机生成虚拟数据，用于 AI 训练和测试。它帮助解决数据稀缺或隐私问题，特别是在医疗、金融等领域，合成数据能够代替真实数据进行模型训练，减少隐私暴露风险。合成数据使开发者能够模拟不同情境，提升模型的鲁棒性和准确性，推动 AI 系统的快速开发。

9. 规划、推理和决策

规划、推理和决策技术帮助 AI 系统在复杂环境中做出合理选择。这些技术结合推理算法和优化策略，在机器人、自动驾驶等领域发挥重要作用。通过推理分析，AI 能够根据不同情境预测决策后果，从而制订出最佳行动计划，提升系统的自主性和适应性。

10. 提高人工智能安全性、信任度、安全性和负责任使用的技术

这些技术保障 AI 的安全性和合规性，防止不当应用。通过算法透明度、偏差检测等手段，提升 AI 系统的可解释性和公正性，确保其符合伦理和法律规定。它们帮助减少潜在风险，增强公众对 AI 技术的信任，推动人工智能的负责任使用，确保技术能够造福社会。

（二）人工智能发展潜力

人工智能基础理论与算法方面，中国只在局部领域有所突破，美国布局全面，处于垄断地位。此外，德国马普学会，英国剑桥大学、牛津大学、伦敦大学学院、利物浦大学，以色列魏茨曼科学研究所，新加坡国立大学等也是该领域的重要研究力量。人工智能芯片技术方面，我国与美国等存在较大差距，代差在 1~3 代。人工智能云技术方面，以亚马逊、微软、IBM 和谷歌为代表的美国企业走在全球人工智能云计算产业的最前沿位置。国内目前处于跟跑状态，阿里巴巴、腾讯、百度、华为等企业都积极布局云计算产业，瓶颈仍然是半导体制造工艺及相关设计工具。人工智能应用技术方面，在计算机视觉领域，中国在队伍体量和相关技术应用能力和水平上与美国无差距，虽然在研究水平上我国的原创能力、问题提出能力有所欠缺，但不存在代差；在自然语言处理领域，我国与美国的差距较大。新型计算架构方面，国外已发展几代模拟类脑体系结构的神经形态芯片，我国至少落后 1~2 代。国外有众多开源类脑平台，我国暂无有影响力的平台。在类脑传感器方面（如视觉芯片、听觉芯片），欧洲整体技术水平较为领先，我国处于追赶状态。

当前，人工智能技术向实现通用智能、提升认知智能水平、强化可靠可信安全发展。大模型持续迭代更新并加速融入具身智能。基于多模态的融合感知能力将帮助机器克

服单一感知信息的局限性，有效应对复杂场景挑战。融合认知心理学、脑科学、社会科学等多学科知识，动态不确定开放环境下的规划、推理与决策难题有望取得一定突破。人工智能可解释性、与人类价值对齐等，将成为人工智能未来发展重要方向。随着互联网、大数据、云计算和物联网等技术的不断进步，人工智能正在引发一系列科学突破，催生出一批颠覆性技术，迅速推动经济发展新动能的培育，塑造新型产业体系，并引领新一轮科技革命和产业变革。大数据驱动下的人工智能在图像分类、目标检测、自然语言处理等特定任务中取得了显著成果，推动了相关产业的爆发性增长，并且在复杂人机博弈和军事推演等领域，人工智能的决策水平已能与人类媲美。人工智能技术提升了机器的感知、决策、学习能力，未来将对人类生活和社会产生颠覆性影响。

二、细胞与基因治疗

（一）细胞与基因治疗关键技术

细胞与基因治疗（CGT）是指利用来自患者或供体的活细胞替代受损或患病的细胞或刺激身体免疫反应或再生的治疗方法。细胞与基因治疗的技术前沿主要包括：

1. 细胞与基因治疗新靶点新机制研究

细胞与基因治疗的新靶点与新机制研究聚焦于探索能够有效治愈遗传性疾病、肿瘤等复杂病症的创新靶点和机制。通过深入研究细胞与基因在病理过程中的作用，科学家能够开发出更加精准、个性化的治疗方案。这些研究为细胞疗法与基因疗法的临床转化提供了新的理论基础，推动了治疗策略的不断优化。

2. DNA、RNA 酶促合成新体系和自动化合成新体系的开发

DNA 和 RNA 酶促合成新体系的开发，旨在提升基因治疗的效率和准确性。通过酶促合成技术，可以实现高效的基因合成和修复，减少人工合成的复杂性。此外，自动化合成新体系的研发能够大幅提高基因治疗产品的生产效率，为大规模应用奠定基础，推动个性化医疗和大规模治疗的实现。

3. 病毒载体的免疫反应、脱靶效应、炎症和插入突变及安全性研究

病毒载体是基因治疗中的关键工具，但其可能引发免疫反应、脱靶效应等问题，影响治疗效果与安全性。因此，研究病毒载体的免疫原性、脱靶效应、插入突变等安全性问题至关重要。通过优化载体设计和策略，可以提高载体的靶向性和安全性，从而减少不良反应，提升治疗效果。

4. 靶向性强、安全、高效、可规模化制备的新型载体的发现与设计

新型载体的研发旨在提高基因传递的靶向性、安全性和效率。通过优化载体的设计，使其能够准确地将基因材料递送到目标细胞，减少对非靶细胞的影响。此外，设计能够大规模制备的载体体系，是推动基因治疗向临床转化和产业化迈进的重要一步，有望提高治疗的普及率和可操作性。

5. 碱基编辑、先导编辑、表观基因编辑等新型基因编辑技术的开发

碱基编辑、先导编辑及表观基因编辑技术代表了基因编辑的最新进展，能够精准修改基因组中的特定碱基对、基因或表观遗传标记。这些技术较传统的 CRISPR 方法更加精准和高效，能大幅减少脱靶效应，提高编辑的特异性与可靠性，推动遗传病、癌症等疾病治疗的临床应用。

6. 基因编辑改造的干细胞产品开发

基因编辑技术与干细胞技术的结合，为细胞治疗提供了全新的治疗思路。通过对干细胞进行基因编辑，可以生成具有特定功能或修复能力的细胞产品。此类基因编辑改造的干细胞能够在治疗遗传病、组织修复等领域发挥重要作用，为个性化治疗提供了新的可能性。

7. 利用体内编辑扩增技术的 CAR-T 疗法开发

CAR–T 疗法是一种通过基因编辑技术改造 T 细胞，使其具备识别和攻击肿瘤细胞能力的创新治疗方法。利用体内编辑扩增技术，可以直接在体内进行基因修饰，增强 CAR–T 细胞的效果与存活时间。这种技术的发展不仅提升了治疗的精准度，还可能减少患者的副作用，拓宽了 CAR–T 疗法的应用范围。

8. 基于诱导多能干细胞（iPS）开发的通用型 CAR-T 或 CAR-NK 细胞疗法

基于诱导多能干细胞（iPS）开发的通用型 CAR–T 或 CAR–NK 细胞疗法，利用 iPS 细胞技术生成的免疫细胞可以在不同个体之间使用，从而避免了供体来源的限制。通过基因编辑技术对这些细胞进行改造，使其具备识别肿瘤细胞的能力，突破了传统治疗的局限，为癌症等疾病提供了全新的治疗方案。

9. 慢性病、肿瘤、神经退行性疾病等重大疾病和罕见病的细胞与基因治疗技术研发等

细胞与基因治疗在慢性病、肿瘤、神经退行性疾病等重大疾病的研究中，取得了令人瞩目的进展。通过基因编辑、细胞修复等技术，治疗能够精准针对疾病根源，提供个性化和定制化的治疗方案。同时，在罕见病领域，基因治疗也为治疗那些传统方法难以触及的病症开辟了新途径，推动了医疗技术的革命性突破。

（二）细胞与基因治疗发展潜力

细胞与基因治疗技术近年逐渐发展成熟，不断有重磅产品获批上市，研发管线数量爆发式增长。2023 年，全球首款针对严重镰状细胞病的基因编辑疗法获批上市。截至 2023 年第四季度，全球基因治疗临床前至临床Ⅲ期研发管线为 2111 项。全球基因治疗在研药物适应证主要分布在肿瘤和罕见病领域，占比均达到约 40%。我国细胞与基因治疗起步较晚，在技术水平和创新能力方面，相对于国际先进水平还有一定差距。上市药物数量较少，在研药物适应证高度集中在肿瘤领域，占比高达 75%，在基因编辑、基因疗法、细胞免疫治疗等领域的研发水平还有待提高。但是我国细胞和基因治疗研发增长迅猛，正在紧追领先国家。细胞和基因疗法作为当今医疗领域最具潜力和创新性的发展方向之一，发展势头良好。技术快速创新，新的基因编辑工具、载体系统及细胞培养技术的出现将进一步提高治疗的安全性和有效性。细胞与基因治疗正在逐步从传统的肿瘤和罕见病治疗扩展到常见病领域，免疫系统疾病、心血管疾病、神经退行性疾病、代谢类疾病、感染类疾病等适应证不断增加。未来，细胞与基因疗法有可能彻底改变多个疾病领域的治疗模式，推动审评标准、制备工艺及医疗合作模式实现新的突破。随着技术的不断成熟和监管政策的逐步完善，细胞与基因治疗的商业化进程将加快，更多创新疗法将获批上市，并应用于临床实践，给患者带来更多福音。

细胞和基因疗法对一些复杂、难治性疾病具有更好的治疗效果，在临床上显示出很好的优势和应用前景，已被生物医药行业视为产业的下一个风口。截至 2023 年底，全球已有 76 款细胞和基因疗法获得监管机构批准上市，较 2013 年增长了超过 1 倍。过去 3 年中，20 款细胞和基因疗法获得批准上市。根据 Frost Sullivan 的预测，2016—2020 年，全球细胞与基因治疗市场的复合年均增长率（CAGR）超过 150%，预计到 2025 年，全球市场规模将达到 305 亿美元。尽管中国的基因治疗市场起步较晚，但发展迅速，2020 年市场规模仅为 0.2 亿元人民币，预计到 2025 年将增长至 178.9 亿元，CAGR 高达 276%。我国细胞治疗市场也不甘落后，预计将由 2021 年的 13 亿元增长至 2030 年的 584 亿元，CARG 高达 53%。

三、脑机接口

（一）脑机接口关键技术

脑机接口技术是在脑与外部设备之间建立通信和控制通道的相关技术，用脑的生物电信号操控外部设备（“脑控”），或以外部刺激调控脑的活动（“控脑”），从而增强、改善和延伸大脑功能。脑机接口的技术前沿包括：

1. 植入脑内的神经接口器件

神经接口器件通过电极阵列等设备植入大脑以实时记录神经信号，连接外部设备进行控制。现代电极阵列具备高密度和良好的生物兼容性，能够稳定记录脑电活动。新型柔性电极和深度脑刺激技术提升了调控精度，而无线神经接口则提供了高效的无缝连接，推动了脑机接口技术在医疗和机器人控制中的应用。

2. 神经信号采集处理芯片

神经信号采集芯片用于获取并处理脑电信号，传输至外部设备。设计注重小型化和生物相容性，以确保长期使用。超微芯片电极封装技术提升了信号采集精度，配合光刻机和其他芯片制造技术，推动了脑机接口芯片的高效生产和应用。

3. 神经活动记录和调控集成系统

该系统集成了神经信号记录和调控功能，通过非侵入式和侵入式技术，实现精细的神经活动监测与干预。非侵入式技术减少手术风险，侵入式技术提供更高精度。系统的应用为神经疾病治疗和脑科学研究提供了重要支持。

4. 脑机接口算法和软件

脑机接口算法将脑电信号转化为外部控制指令，精确解读大脑活动。高效算法和低延迟响应是关键，影响控制的精准性。软件还负责数据分析和存储，推动脑机接口在临床治疗和神经修复中的应用。

（二）脑机接口发展潜力

美国在脑机接口技术方面拥有全球最强的实力和优势。其他发达国家，如瑞士、以色列、荷兰、法国、比利时、德国、英国等在相关芯片、电极、软件及神经信号长期稳定获取技术等方面有一定的技术与研发能力。我国在脑机接口技术方面投入体量相对较小，研究队伍规模不及美国，缺乏国际公认的顶尖科学家。植入脑内的神经接口器件方面，美国技术全面领先，部分技术已实现商品化并主导了国际市场；荷兰、瑞士、德国、以色列、比利时、英国具有一定技术能力。神经信号采集处理芯片方面，美国技术处于绝对领先地位，大部分技术已商品化并占据了国际市场的主要份额；其他国家的芯片产品也是基于美国芯片技术。神经活动记录和调控集成系统方面，美国处于全面领先地位，有成熟产品并主导了国际市场；英国、以色列具有一定技术能力；我国有一定研发基础，距成熟产品还有较大差距，而美国在20年前就已经有成熟产品。

脑机接口算法和软件方面，美国在脑科学与神经工程领域处于全面领先地位，法国、德国、荷兰、英国有研发能力。

脑机接口技术目前处在新的科学发现与技术发明持续产生的阶段，部分技术已开始应用在医疗、军事等领域。未来，脑机接口硬件将朝着柔性、小型化、高通量和集成化方向发展，并具有更好的生物相容性。在软件方面，利用深度学习和类脑智能算法，将有效提升编解码的效率和质量。功能上，脑机接口将逐步向功能改善、补充和增强过渡。在产业应用方面，短期内脑机接口将主要应用于医疗领域；而从长远来看，脑机接口将与机器人、元宇宙等领域结合，进一步拓展应用场景。脑机接口技术的广阔市场前景吸引了大量资本和企业的加入。根据麦肯锡的预测，到2030年，全球脑机接口在医疗领域的潜在市场规模将达到400亿美元，2040年将达到1450亿美元。从2013年到2023年第三季度，全球脑机接口领域的风险投资累计近800笔，总金额超过100亿美元，投资企业接近300家。谷歌、微软、华为等公司也纷纷进入脑机接口领域。

四、合成生物

（一）合成生物关键技术

合成生物学是一个将生物学与工程学相结合的前沿科学，正在以惊人的速度发展。合成生物学有5个前沿技术方向：

1. 基因编辑技术

基因编辑技术可以精确地修改生物体的DNA序列，改变基因结构以实现特定功能。通过CRISPR等工具，科学家能够在细胞内定点插入、删除或替换基因，从而修复遗传缺陷、改善作物性状或开发新的治疗方法。这项技术为遗传疾病治疗、农业改良等领域带来了革命性进展。

2. DNA合成技术

DNA合成技术通过人工设计和构建全新基因与遗传电路，合成出特定功能的DNA序列。它使得科学家能够在实验室内创建全新的基因组，开创了基因工程的新篇章。通过这项技术，合成生物学得以设计出符合需求的微生物、植物甚至动物，推动生物学研究和应用的快速发展。

3. 定向进化技术

定向进化技术通过创建突变基因库并筛选出具有理想特性的基因，开发新型酶、蛋白质和其他分子。该技术模拟自然选择的过程，通过不断优化基因组，改善生物体的性能。这种方法广泛应用于药物开发、环境保护和工业催化等领域，具有重要的经济价值和环境意义。

4. 合成细胞技术

合成细胞技术旨在创建能够执行基本生命功能的人工细胞。这些合成细胞能够模仿自然细胞的行为，如代谢、繁殖和响应外界刺激，为基础生物学研究提供新工具。合成细胞不仅可以用于新型药物和疫苗的开发，还可能在能源生产和污染治理等领域发挥重要作用。

5. 代谢工程

代谢工程通过优化微生物（如细菌和酵母）等生物体的代谢途径，以高效生产化学品、药物和燃料等。这项技术利用基因编辑和其他生物技术手段，调整生物体内的代谢网络，提高产物的合成效率。代谢工程不仅推动了绿色化学和可再生能源的发展，还为生物制药、农业生产等提供了创新解决方案。

（二）合成生物发展潜力

合成生物学底层技术创新、迭代推动产业升级。基因合成从传统的小片段化学合成发展到第四代酶促合成技术，合成片段的长度和效率逐步提升；基因编辑经历了技术升级，效率和准确度都有了极大的提升。生物铸造厂模式将生物设计、研发、制造过程变成工程设计问题，通过对自然生物的操纵来获取原创性新材料、新器件、新系统和新平台，实现生物元器件和生物制造平台的模块化标准化设计，推动生物制造平台的突破。底层技术成本指数级下降，带来下游合成生物学应用爆发。随着发酵工程的发展，精准发酵逐渐成为合成生物学放大生产的主流。

我国合成生物学与国外先进国家相比仍有一定差距。在 AI 赋能方面，国外预测算法的准确度和数据积累显著强于国内。在数据库方面，国际上流行使用 KEGG 数据库，国内还没有形成自己的数据库。在测试方面，国内依然是采用自动化辅助人工测试，国外已经把微流控商业化，可以实现百万级别的菌株筛选，国内外差距较大。在构建环节，国内 DNA 高通量合成技术和基因编辑技术已经突破，逐渐追上美国。在细胞铸造方面，国外高通量筛选测试已经成熟，国内布局较晚，在菌株、元件库、高通量体系方面依然较为落后。在无细胞合成系统方面，海外已经实现商业化，国内刚刚完成技术突破，商业化较慢。酶工程技术国内外接近，国内技术依然有提升空间。

五、生物育种

（一）生物育种关键技术

生物育种是利用现代生物技术培育生物新品种的过程。目前，主要技术方向有：

1. 转基因育种

转基因育种是通过将外源基因导入目标物种基因组，从而赋予其新的性状或提高其生产性能的一种技术。此技术广泛应用于作物改良、动物品种优化等领域，可有效增强生物抗病虫害、耐逆境等特性，提升产量和品质。转基因技术为解决全球食品安全和资源短缺问题提供了重要的生物技术手段。

2. 基因编辑育种

基因编辑育种利用 CRISPR 等技术对生物体内的特定基因进行精准修改，快速、定向地改良物种的性状。与传统育种方法相比，基因编辑能在不引入外源基因的情况下，实现基因功能的精准调控，有望加速新品种的培育，提升作物抗病性、耐环境能力等优势。

3. 全基因组选择育种

全基因组选择育种利用全基因组信息对个体进行评估和选择，通过大规模基因型与表型数据分析，精准预测物种的遗传潜力。这一方法可以大大提高育种效率，减少育种周期，特别适用于复杂性状的遗传改良。其应用将在农业、畜牧业等领域带来显著的生产效益。

4. 分子设计育种及智能育种

分子设计育种结合分子生物学与计算技术，通过分析基因与表型的关联，设计出具有优异性状的新品种。智能育种则通过大数据、人工智能等先进技术，优化育种策略与决策过程。两者共同推动了育种的高效性、精准性与可持续性，为农业现代化提供了强有力的技术支撑。

生物育种是现代农业的“芯片”技术，也是解决我国种业“卡脖子”问题的核心技术，是新一轮农业技术革命的突破点和未来种业竞争的制高点。世界主要国家都在加大力度开展基因遗传多样性的研究和开发利用，发展新型生物育种技术。尤其随着大数据、人工智能等现代信息技术的发展及其与生物育种技术的交叉融合，形成了以“生物技术 + 信息技术”为典型特征的高效农业生物育种技术体系，大大缩短了育种周期，促使生物育种向高效化、精准化和智能化方向发展，实现品种“按需定制”，推动生物育种进入智能育种时代。

（二）生物育种发展潜力

目前，发达国家已进入生物技术与人工智能技术深度融合的智能设计生物育种 4.0 时代，而我国则仍处于从表型选择 2.0 时代到分子育种 3.0 时代的过渡阶段。在我国，生物育种的基础研究和关键技术的原创性仍然有待加强，大多数物种的基础研究仍处于跟跑阶段，重要性状形成的遗传基础和调控网络的研究尚不系统。作物育种领域依然缺乏具有重要育种价值的关键基因，类似 Bt 抗虫基因等具有重大育种价值的基因相对较少。同时，基因编辑工具、合成生物元器件、全基因组选择预测模型、人工智能算法等关键技术的原创性也较为不足。随着国际生物技术产品的快速迭代升级，多基因叠加产品不断涌现，我国在玉米、大豆、生猪、奶牛、肉鸡等新品种的培育方面与国际先进水平仍存在明显差距，适应新时期农业特点的重大品种迭代滞后，且缺乏符合农业高质量发展需求的绿色有机轻简化品种。同时，我国农业生物种质资源精准鉴定和优异资源挖掘不够，缺乏优异新种质，遗传基础狭窄，遗传改良进展缓慢，限制了品种源头创新。

生物育种产业化规模逐步扩大。21 世纪以来，全球生物育种市场持续增长，2022 年和 2023 年全球生物育种市场规模先后达到了 660 亿美元和 720 亿美元，结合全球种业市场规模和生物育种的占比测算，2015—2024 年，全球生物育种行业市场规模总体呈稳定增长态势，初步统计，2024 年全球生物育种行业市场规模接近 270 亿美元。随着全球对植物蛋白质、蔬菜和杂交小麦的需求量持续增加，预计未来全球生物育种的市场渗透率将持续提高，市场规模保持稳定增加的态势。前沿生物育种技术产业化前景广阔，由于美国、巴西、阿根廷、日本、中国、加拿大、英国等国家相继将基因编辑动植物产品视同为常规品种，进行监管松绑，推动了基因编辑动植物产业化进展迅速，目前全球已有超过 500 种基因编辑作物产品，处于从基础研究到商业化的不同开发阶段，有 200 个基因编辑家养动物（包括鱼、牛、猪、鸡等）处于不同研发阶段，少数基因编辑动物已获批上市，包括基因编辑红鲷鱼、虎豚和猪等。

六、区块链

（一）区块链关键技术

区块链作为一种可以传输数字化所有权的技术，将基于现有的互联网协议架构构建出高效、去中心化的价值存储和转移网络，在不远的将来会触动甚至会最后取代现有互联网的底层基础协议。区块链的技术前沿主要包括：

1. 底层技术

底层技术是区块链的核心支撑，包括共识算法、跨链技术与子链架构等。BFT 共识算法通过确保网络节点达成一致，提高了区块链的效率与容错性；原子跨链技术实现不同区块链间的资产互通，打破孤立网络的限制；子链技术则通过分离主链和子链的功能，优化区块链的扩展性和处理能力。

2. 中间层技术

中间层技术涉及数据安全与隐私保护，关键技术包括哈希锁定、分布式私钥控制和隐私数据授权访问等。哈希锁定技术确保数据的不可篡改性；分布式私钥控制增强了数字资产管理的安全性；隐私数据授权访问则使得用户能在保护隐私的前提下，有效地共享数据。

3. 应用层技术

应用层技术主要包括分布式应用和智能合约。分布式应用通过区块链去中心化的特点，打造无须第三方的可信系统；智能合约则是通过代码自动执行协议条款，减少了人为干预，提高了交易效率和安全性，推动了去中心化金融、供应链管理等领域的创新应用。

（二）区块链发展潜力

随着 Web3.0、数据要素等概念的深化，全球区块链产业迎来了新的发展。区块链产业格局趋于稳定，标准化布局不断完善，基础设施建设规模逐步显现，面向 Web3.0 的新一代互联网技术应用体系正在逐步形成，成为区块链生态发展的重要引擎。截至 2023 年 12 月，全球共有区块链企业 10 291 家，其中中国和美国分别有 2802 家和 2697 家，占比分别为 27% 和 26%，处于领先水平。到 2023 年 10 月，全球区块链独角兽（市值估值 10 亿美元以上）企业数量已达 131 家。美国的区块链独角兽数量最多，总计 71 家，远远领先于其他国家。国际主要标准化组织加快了区块链标准的制定，我国已成为标准制定的重要力量。ITU-T、ISO 等国际标准化组织已设立 16 个工作组和研究组，其中我国参与了 14 个。ITU-T 已发布区块链标准 45 项，我国参与了其中的 19 项；ISO/TC 307（区块链和分布式账本技术委员会）已发布区块链标准 11 项，我国参与了其中的 3 项。

区块链与前沿信息技术的深度融合正在为数字经济发展注入新的动能。区块链逐渐成为未来社会的重要信息基础设施，与大数据、云计算、物联网、人工智能等技术的结合，推动了其在金融、能源、制造、教育、医疗服务等多个领域的广泛应用，催生出新的应用价值和商业模式。在英特尔、IBM、亚马逊、微软等美国科技巨头的引领下，区块链与物联网的结合在多个领域实现了落地。近年来，全球区块链技术在实体经济、政务服务、公共服务和数字原生等领域的应用加速推进。同时，区块链技术还将推动社会变革，数字货币的竞争也在悄然蓄势。区块链所蕴含的经济学内核正在逐步渗透到现有的经济和社会体系中，带来了数字货币、基于智能合约的可信经济和共享经济的新模式。普华永道的报告指出，区块链技术有潜力在未来10年内为全球国内生产总值增加1.76万亿美元，而数字货币也已经吸引了全球超过70%的央行的关注。

七、卫星互联网

（一）卫星互联网关键技术

卫星互联网是基于卫星通信技术，利用一定数量的人造地球卫星作为中继站，为陆海空天用户提供互联网接入服务的新型通信网络，通过卫星组网可实现互联网内容的全球覆盖传播。按照卫星轨道高度，可分为高轨、中轨、低轨三类。卫星互联网的技术前沿主要包括：

1. 星地融合

星地融合技术旨在解决卫星与地面系统的兼容性问题，优化不同类型终端的互联性，降低星地小区之间的干扰。通过先进的网络架构设计，星地融合技术能够实现高效的资源调配与协同工作，确保用户在全球范围内获得稳定且高质量的互联网服务。

2. 提升频率效率

提升频率效率技术通过空分复用、大规模智能波束、密集小区部署、智能调度等手段，优化频谱资源的使用。通过动态频谱管理、认知无线电技术，卫星网络能够更灵活地调整资源分配，提升数据传输的效率，缓解频谱资源紧张问题，确保高效的卫星互联网连接。

3. 提升卫星容量

提升卫星容量技术依赖于多波束赋形架构、卫星天线阵列和Q/V频段通信等创新技术，显著增加了卫星的数据传输能力。通过优化卫星的空间资源配置，增强卫星通信系统的承载能力，为全球用户提供更大带宽和更高速的互联网连接。

4. 提升可靠性和移动性

提升卫星网络的可靠性和移动性技术解决了大规模星座切换、星间交换能力和地面站布局等挑战。通过增强卫星频繁切换的稳定性、优化星间数据传输及应对太空与大气环境的影响，卫星互联网能够在各种动态环境中保持高效、稳定的连接，确保全球范围内的流畅通信。

（二）卫星互联网发展潜力

近年来，以“星链”和“一网”为代表的低轨宽带星座系统迅速扩张，推动卫星互联网呈现出前所未有的发展速度和势头。欧美国家在卫星互联网技术和产业发展方面处于领先地位，波音、空客、亚马逊、谷歌、SpaceX 等高科技企业积极布局。同时，俄乌冲突加速了商业卫星星座资源在军事领域的融合应用，进一步推动了全球卫星互联网的热潮。SpaceX 计划建设一个由约 4.2 万颗卫星组成的中低轨星座“星链”，截至 2024 年底，已在轨部署了 6538 颗“星链”卫星。一网在 2023 年 3 月完成了低轨空间段 618 颗卫星的星座部署，成为第一个实现全球连续覆盖、卫星超低成本、地面全球布站的 Ku 频段宽带互联网星座。我国卫星互联网起步较晚，但近年来发展迅速。卫星互联网已纳入“新基建”范畴，并上升为国家重大工程，融入遥感工程和导航工程，成为国家天地一体化信息系统的重要组成部分。我国已提出多个星座计划，包括“虹云”“鸿雁”“行云”“银河”和“国网”等，组网数量大于 30 颗的低轨卫星项目超过 10 个，规划的卫星发射总量超过 1.5 万颗。其中，中国星网的“国网”星座预计发射近 1.3 万颗卫星。根据 Euroconsult 发布的 2023 版《小卫星市场展望》预测，未来 10 年全球将发射约 2.6 万颗小卫星，较上个 10 年增长 3.7 倍，其中 SpaceX 的“星链”和中国星网的“国网”卫星将占全球发射量的近 2/3。

卫星互联网的发展势头强劲，星座规模不断扩大，卫星数量常常达到成千上万颗，采用 Ku/Ka/Q/V 频段点波束技术来实现全球覆盖。星间组网已经成为技术发展的主流，通过星间链路建立全球无缝连接、低时延的空间网络系统。同时，高低轨卫星的结合发展，进一步提升了混合系统的服务多样性。工程研制模式也出现了显著革新，生态圈资源整合、自主垂直整合以及项目分包等多种研制模式并行，频率资源和关键技术的竞争愈加激烈。在技术产业化前景方面，卫星互联网作为缩小数字鸿沟的重要举措，将有效补充地面通信网络，成为解决“无互联网”问题的关键手段。卫星互联网将满足应急通信、公共安全、海洋科考等特定场景的需求。此外，卫星互联网已成为各国争夺 6G 发展先机的重要途径，预计将开启并引领下一轮通信基础设施建设，成为实现

6G 泛在通信愿景的重要支撑。

八、量子通信

（一）量子通信关键技术

量子通信是量子信息的主要领域之一，是量子物理、信息技术和密码技术的融合和创新。量子通信技术的研究，主要集中在：

1. 量子密钥分发

量子密钥分发（QKD）技术是量子通信的核心应用之一，通过量子态的制备、传输和检测，确保密钥的安全分发。量子力学原理保障了通信过程中的绝对安全，因为任何试图窃听的行为都会改变量子态，立即被察觉。QKD 协议包括 BB84、E91、DPS、COW、MDI-QKD 等，它们各自针对不同的技术挑战优化了密钥分发的安全性与效率。

2. 量子隐形传态

量子隐形传态是通过量子纠缠实现物理信息的瞬时传输技术，信息无须通过传统的传输介质。它依赖量子纠缠的特性，即使物理距离遥远，两个量子态依然可以无损失地互相传递信息。量子隐形传态为量子通信提供了理论支持，特别是在提高信息传输速度和安全性方面具有重要意义。

3. 量子安全直接通信

量子安全直接通信技术通过量子态的直接传输，实现绝对安全的信息交换。与传统通信方式不同，量子通信通过量子纠缠和叠加原理确保信息在传输过程中不受干扰、窃听者无法访问。此技术的核心优势在于其内建的安全性，无须依赖传统的加密算法，具有潜力解决信息传输中的安全隐患。

4. 量子机密共享

量子机密共享技术通过量子比特（qubit）的纠缠特性，使得多方能够在不泄露信息的情况下共享机密信息。量子纠缠确保了参与方的密钥或信息不会被外界窃听和篡改，这种技术为构建高安全性的分布式系统、密钥分发网络以及多方计算提供了强有力的支撑。

其中，只有量子密钥分发技术初步进入实用化，受到了产业界的广泛关注。量子密钥分发通过对量子态的制备、传输和检测来实现密钥的安全分发，这些方法的规则被称为量子密钥分发协议。研究人员提出了多种量子密钥分发协议来不断提高量子密钥分发的安全性，主要包括：从最初离散变量中对光子偏振或相位进行编码的 BB84 协议、基于纠缠光源的 E91 协议、差分相移（DPS）协议、相干单向（COW）协议、连续变量量子密钥分发协议、测量设备无关（MDI-QKD）协议，以及双场量子密钥分发（TF-QKD）。

（二）量子通信发展潜力

我国在量子保密通信领域的网络建设与应用发展呈现出显著进展，量子密钥分发网络的建设和示范项目数量及规模居于全球前列。自 2016 年成功发射世界首颗量子科学实验卫星“墨子号”以来，我国在多个重要领域取得突破。2017 年，我国实现了全球首次千公里级量子纠缠分发，2018 年实现了洲际量子密钥分发，2020 年实现了基于纠缠的无中继千公里量子保密通信，2021 年则实现了跨越 4600 公里的星地量子密钥分发。随后，在 2022 年，830 公里的光纤信道量子密钥分发取得了突破，而 2023 年则成功实现了 1002 公里无中继光纤量子密钥分发。这些成就为建设全球量子密钥分发网络提供了坚实的技术基础。与此同时，美欧在量子通信领域也展开了积极的网络验证实验与商用化研究。2018 年，Quantum Xchange 公司宣布在美国东海岸建设首个洲际商用量子密钥分发网络，连接华盛顿与波士顿，线路总长达 805 公里。2019 年，美国空军研究实验室则在其“星火”光学试验场完成了全球首次昼间自由空间量子通信试验。2021 年，东芝欧洲剑桥研究实验室等验证了 600 公里的双场量子密钥分发，为实现长距离量子安全信息传输奠定基础。

尽管量子密钥分发已取得众多重要研究成果，但目前仍然面临两大难题，即如何获得更高的成码率（密钥生成速率）及更远的密钥传输距离。因此，开展更高成码率量子密钥分发技术的研究及开发稳健的远距离量子密钥分发系统将是未来的大规模量子保密通信应用的关键。量子通信技术广泛适用于政务、国防、金融、电力等关键领域，能够为国家的行业信息安全提供坚实保障。未来将着力于基于天地一体化的量子通信网络，加速量子密钥分发与后量子密码技术的结合，通过在济青干线及国家广域量子保密通信骨干网上的示范推广，形成更加安全的量子保密通信网络、量子安全数据存储、量子安全移动应用等多种系统与产品，应用在政务、国防军工、空天信息等领域，为山东省信息融合、信息传输等提供绝对安全保障，打造信息安全产业“新业态”，形成可复制、可推广的特色产业发展经验。

九、量子测量

（一）量子测量关键技术

量子精密测量将提高测量的精确度和准确度，开创精密测量的新应用。量子科技的优势已在一些先进计量技术中获得了验证，包括原子钟、原子干涉仪、磁力计和核磁共振成像系统等。量子精密测量正逐渐成熟并走向商业化。2018 年，第 26 届国际计量大会上通过了关于用量子化方法定义国际单位制的决议，计量标准将进入“量子时代”。2019 年，7 个基本物理量（长度、质量、时间、电流、温度、物质的量和发光强度）的计量基准已经全部实现量子化。量子精密测量的前沿方向主要包括：

1. 量子光钟

量子光钟，如铷钟、铯钟和光钟，通过精确测量原子跃迁频率来实现超高精度的时间测量。光钟利用激光冷却技术和激光光谱分析，提供比传统时钟更高的精度，推动了全球时间同步和国际标准化进程的飞跃。随着技术进步，量子光钟将成为新的时间基准，为科学研究和全球通信提供精确支持。

2. 量子磁力计

量子磁力计利用量子效应，如超导量子干涉仪（SQUID）、光泵磁力仪（OPM）和氮空位（NV）色心等，精确测量磁场的微小变化。这些技术能够在极低磁场中提供超高灵敏度，广泛应用于地质勘探、医学成像及宇宙探索等领域，是量子精密测量的重要突破。

3. 量子绝对重力仪和量子梯度重力仪

量子重力仪通过冷原子干涉技术，精准测量重力加速度和重力场梯度，突破了传统重力仪在精度和空间分辨率上的局限。量子绝对重力仪提供了对地球引力场变化的前所未有的精度，有助于地震预测、地下资源勘探及环境监测。

4. 冷原子干涉加速度计

冷原子干涉加速度计利用冷原子与激光光束之间的相互作用，精确测量加速度变化。与传统加速度计相比，冷原子干涉加速度计具有更高的灵敏度和稳定性，适用于高精度导航、地质勘探及科学实验，推动了量子技术在导航领域的应用。

5. 量子陀螺仪

量子陀螺仪如核磁共振陀螺仪、金刚石 NV 色心陀螺仪等，利用量子效应测量角速度，具有极高的精度和稳定性。通过量子干涉效应，这些陀螺仪能够提供比传统陀螺仪更精准的测量角度，为精密导航、航空航天及军事应用提供强有力的支持。

6. 量子雷达

量子雷达通过量子态的纠缠和叠加原理，提升了雷达系统的探测灵敏度和抗干扰能力。与传统雷达相比，量子雷达能够在低信号环境中实现更精准的物体检测和跟踪，尤其在隐形技术和远程探测领域，具有重要的军事和民用应用前景。

（二）量子测量发展潜力

2018年，美国国家标准与技术研究院（NIST）报道了镱原子晶格钟在系统不确定度、稳定性和可重复性等多个指标上取得了创纪录的性能。2019年，加州大学伯克利分校等团队研发出一台移动式原子重力干涉仪，其结构紧凑，便于野外运输，且在保持高灵敏度的同时具备较强的实用性；同年，麻省理工学院成功在硅芯片上研制出基于金刚石色心的量子传感器，为低成本、可扩展的量子传感、量子计算和量子通信硬件的制造奠定了基础。2020年，北京航空航天大学等单位成功研发了一套基于原子自旋效应的超高灵敏磁场与惯性测量装置，其灵敏度指标超越了国际同行的相关研究成果。2021年，中国科学技术大学提出自旋放大器和微波激射器的磁传感原理，实现了国际上最灵敏的核自旋磁传感器。2022年，美国科罗拉多大学JILA实验室开发出了世界上最精准的原子钟，英国伯明翰大学开发了世界上首个在实验室条件之外应用的量子重力梯度仪。2023年，哥伦比亚大学等将分子时钟精度提升100倍，达到10^{-14}，可在太赫兹频率计量中实现新的应用；美国Infleqtion公司通过将机器学习与量子传感相结合，展示了世界上第一个软件配置、支持量子的高性能加速度计。总体来看，美国在量子精密测量领域处于全球领先地位，我国在这一领域与美国相比仍有一定差距，但这一差距正以较快的速度缩小。

量子精密测量技术涵盖了基础科研、国防军工、生物医疗、能源开发、工业制造、资源勘探、环境监测等多个领域，具有广泛的应用前景。原子钟在金融、运输、电信和能源等行业有广泛的应用前景，量子成像可用于无人驾驶汽车、医疗保健、国防、安全、运输和制造等领域，量子传感器可用于检测地下特征、探索自然资源、识别沉陷和滑坡等危险、筛查痴呆症等疾病、早期检测癌症和心脏病等。目前，国内外的量子精密测量产业仍处于初期阶段，产业资源主要集中在核心系统设计及整机的工程化开发上。

十、量子计算

（一）量子计算关键技术

量子计算研究的最终目标是实现真正意义上的量子计算机，量子计算机将成为后摩尔时代人类生活的技术依托。量子计算的发展有三个阶段，第一个阶段是实现“量子优越性”，即量子计算机对特定问题的计算能力超越传统超级计算机；第二个阶段是实现专用量子模拟机，可应用于组合优化、量子化学、机器学习等特定问题，指导材料设计、药物开发等；第三个阶段是实现可编程通用量子计算机，能在经典密码破解、大数据搜索、人工智能等方面发挥巨大作用。量子计算有多条不同的技术路线，主要包括：

1. 超导量子计算

超导量子计算利用超导电路中的量子比特，通过微波信号精确控制其量子态。该技术的优势在于较高的可扩展性和较低的误差率，使其成为量子计算研究的主流方向。超导量子计算能够实现复杂的量子算法，但面临的挑战是如何克服温度和噪声的影响，减少退相干效应，从而提高计算的稳定性和精度。

2. 离子阱量子计算

离子阱量子计算通过电磁场捕捉带电离子，并使用激光精确操控其量子态。离子作为量子比特具有较长的相干时间，是实现高精度量子计算的理想选择。该技术的最大优势是高精度，但面临着扩展性问题，尤其是在处理大量量子比特时，系统的复杂度显著增加。

3. 光量子计算

光量子计算利用光子作为量子比特，通过光子的传播和干涉来执行计算。光子不易与外界环境交互，因此具有较低的能耗和较高的速度，特别适合量子通信和量子网络应用。然而，光量子计算面临的挑战是如何精确控制光子之间的干涉与量子纠缠，从而实现高效的量子信息处理。

4. 半导体量子计算

半导体量子计算技术通过半导体材料中的电子或空穴作为量子比特进行操作。它与现有的半导体集成技术兼容，具有较好的可扩展性，并可利用成熟的半导体制造工艺实现大规模量子计算。尽管如此，量子比特的稳定性和相干性仍然是这一技术亟待解决的核心问题，影响着其性能和计算能力。

5. 拓扑量子计算

拓扑量子计算利用拓扑量子态的稳健性来抵抗外部噪声，实现更为稳定的量子计算。与传统量子计算不同，拓扑量子比特的编码依赖于粒子之间的拓扑性质，具备较强的抗干扰能力。虽然该技术具有理论上的优势，但在实验上仍面临着实现稳定拓扑量子比特的巨大挑战。

6. 中性原子量子计算

中性原子量子计算利用中性原子的量子态作为量子比特，通过激光精确控制原子量子态。与其他技术相比，中性原子量子计算不需要极低温，具备较强的扩展性和灵活性。该技术的挑战主要在于如何精确操控大量原子的量子态，并确保系统的稳定性和高效计算。

（二）量子计算发展潜力

近年来，谷歌、IBM、英特尔、微软、腾讯等大型企业纷纷投入量子计算机的研发中，国际竞争愈加激烈。量子计算的多条技术路线取得了显著突破，当前已经进入了“量子优越性”阶段。在超导量子计算领域，谷歌在2019年通过其54量子比特的量子芯片证明了量子计算机在特定任务上超越传统计算机的能力，并宣布首次实现“量子优越性”。2021年，中国科学技术大学等单位构建了66比特可编程超导量子计算原型机“祖冲之二号”，成功解决“量子随机线路取样”任务，标志着我国在超导量子计算领域取得了重要进展。在光量子计算方面，2020年，中国科学技术大学等研发了76个光子的量子计算机原型“九章”，其在处理高斯玻色取样任务时的速度超越了传统超级计算机，我国因此成为全球第二个实现“量子优越性”的国家。2021年，研发团队推出了113个光子144模式的量子计算原型“九章二号”，在玻色子采样计算任务中实现了1024倍的加速。2023年，团队成功构建了255个光子的量子计算原型“九章三号”，进一步刷新了光量子计算技术的全球纪录，其在高斯玻色取样上的计算速度比当前全球最快的超级计算机快了1亿亿倍，达到了世界领先水平。总的来说，美国在量子计算的多条技术路线中都处于世界领先地位，我国在超导量子计算和光量子计算方面处于世界领先水平。

量子计算机将在化学过程设计、新材料研发、机器学习的创新方式及人工智能等领域带来深远的变革。它有潜力在金融模型、物流、工程、医疗健康和电信等行业产生重要的经济影响，同时也有望大幅提升天气和气候变化的预测精度。然而，量子计算的物理实现呈现多种技术路线并行发展的态势，每种路线各有优劣势，现阶段都处于发展初期，普遍存在着技术瓶颈和资源瓶颈，仍需努力实现关键的技术突破。

十一、人形机器人

（一）人形机器人关键技术

人形机器人是一种利用人工智能和机器人技术制造的具有类似人类外观和行为的机器人，这些机器人可以双腿行走，利用手臂和身体的协作完成一些动作，通过语音和人类进行交互，通用性强，能胜任多种场景，在人类生产和生活中扮演重要角色。当前，人形机器人的研发应用一日千里，商业价值和市场前景备受产业关注。人形机器人的技术前沿主要包括：

1. 传感技术

传感技术通过利用光敏、声敏、气敏、化学、压敏、温敏和流体传感器等多种传感器，使人形机器人能够感知周围环境的变化。这些传感器为机器人提供丰富的实时数据，帮助其实现精准的动作控制与环境适应，提升其在复杂环境中的执行能力和智能反应。

2. 赋能人形机器人的通用人工智能技术

通用人工智能技术赋予人形机器人自主学习和决策的能力。通过强化学习、人机交互、计算机视觉等技术，机器人可以在多种场景中灵活应用，适应不同的任务要求。该技术使机器人不仅能执行预定动作，还能通过经验优化其行为，提升效率和适应性。

3. 仿生设计技术

仿生设计技术模拟人体运动机制，设计出高度仿真的机器人动作。例如，通过运动规划、行为科学和机械臂、腿式运动的优化设计，实现与人类相似的灵活性与协调性。这项技术让人形机器人在动态环境中执行复杂任务时，表现出更自然的运动和行为方式。

4. 智能控制技术

智能控制技术为人形机器人提供精确的控制能力，确保其在各种条件下稳定运行。通过模糊逻辑、PID控制、自适应控制等方法，机器人能够在不断变化的环境中做出快速、准确的反应。这些控制技术不仅提升了机器人的稳定性，也使其能够高效执行复杂任务。

（二）人形机器人发展潜力

在技术层面，目前全球对于具身智能自主操作机器人的研发大多仍停留在实验室测试阶段。虽然针对特定场景和任务的自主操作机器人取得了一些进展，但整体技术仍不成熟，尚未实现产业化或商品化。包括 Google、Meta、阿里巴巴等在内的科技巨头也在积极投入力量推动相关研究。学术界对自主操作机器人的研究主要集中在环境感知、运动控制、路径规划、车臂协同等领域，具身智能和自主操作机器人技术的研究仍处于平行发展阶段。例如，2023 年 7 月，斯坦福大学李飞飞团队推出的大模型接入机器人 Vox Poser，可以将复杂的指令转化为具体行动。人类可以通过自然语言随意下达指令，机器人能够执行如绕过障碍、开瓶、按开关、拔充电线等复杂动作，且无须预先训练。特斯拉人形机器人 Optimus 研发进展显著，在 2022 年 10 月首次亮相的时候还需要人搀扶，无法正常工作；到 2023 年 5 月，Optimus 就已经可以在车间灵活行走、抓取物体，其电机扭矩控制技术甚至可以让其不打碎鸡蛋；2024 年 1 月，Optimus 在研发机构的桌子上折叠一件 T 恤。

人形机器人市场前景巨大，已在科学界和产业界达成共识。图灵奖得主、中国科学院院士姚期智在 2023 世界机器人大会上表示，人工智能领域下一个挑战将是实现“具身通用人工智能”，而最合适的载体就是人形机器人。在 2023 世界人工智能大会的开幕式上，埃隆·马斯克也表示，假设未来人形机器人与人口比例为 2：1，人形机器人的需求量有望达到 100 亿 ~200 亿台，且人类对人形机器人的需求可能远超汽车。2023 年以来陆续发布的特斯拉 Optimus、上海期智研究院“小星”、傅利叶智能“GR-1”、上海智元机器人“远征 A1”等产品，标志着人形机器人已经具备了初步的商业化条件。

十二、深海高端装备

（一）深海高端装备关键技术

深海高端装备是用于开展深海环境和资源的调查、勘探及开发利用的技术与装备，涉及深海观测 / 探测与感知、水下施工作业、深海油气生产、深海矿产开发等装备领域，对于认知深海、开发深海资源、保护海洋生态及维护海洋安全等具有重要意义。深海高端装备的技术前沿主要包括：

1. 新材料应用与安全性评估技术

新材料应用与安全性评估技术通过研发能在极端深海环境下承受高压、低温和腐蚀的材料，为深海装备提供核心支撑。此技术不仅提升了深海设备的性能与耐用性，也通过安全性评估体系，确保装备在复杂环境中的可靠性与稳定性，是深海探测与资源开发的关键技术之一。

2. 深海大型耐压结构极端环境安全性技术

深海大型耐压结构极端环境安全性技术专注于设计和优化能承受极高水压和恶劣环境的深海设备结构。通过创新的结构设计与材料选择，确保设备在超深海环境中的安全运行，广泛应用于深海油气开采、资源勘探等领域，为深海高端装备的安全性提供有力保障。

3. 高能量 / 高功率密度动力技术

高能量 / 高功率密度动力技术旨在为深海装备提供持续、强大的动力支持。由于深海环境的特殊性，传统动力系统难以满足需求，这一技术通过创新的能源储存与转化方式，显著提高了动力系统的效能，为深海作业提供了更长时间、更高效的动力保障。

4. 深海水下通信导航技术

深海水下通信导航技术利用声波和光波等介质，在深海中实现设备间的实时数据传输与定位导航。由于水下环境对信号传输的特殊影响，这项技术通过多种优化手段，确保深海作业过程中的精准导航与可靠通信，推动深海探测与资源开发的高效开展。

5. 深海有人 - 无人集群装备智能协同技术

深海有人 – 无人集群装备智能协同技术通过整合人类操作与无人装备的优点，实现在深海环境中的高效协作。此技术结合人工智能与自主导航系统，使得多种深海装备可以协调工作，完成复杂的深海探测、作业及资源开发任务，极大提升作业效率与安全性。

6. 生命支持与应急救援技术

生命支持与应急救援技术专注于为深海作业人员提供安全保障。通过优化生命支持系统，如空气供应、温控、废物处理等，以及开发高效的应急救援技术，确保人员在深海环境中的生存与安全，为深海工程作业提供了坚实的技术后盾。

7. 智能感知分析技术

智能感知分析技术通过结合传感器技术、人工智能与数据分析手段，实时监测和分析深海环境的数据。这项技术能够智能识别海洋环境变化、识别潜在风险并做出快速响应，是深海探测、资源开发及海洋生态保护中的关键技术之一。

（二）深海高端装备发展潜力

深海高端装备正朝着大型化、大深度、长周期、全海域、多功能和智能化的方向不断发展。深海观测、探测和感知装备的研发目标是实现更高的精度、更大的作业水深及更多的细分功能，智能化、高度自治和长续航的潜水器正成为重点关注领域。未来的海底观测网络将向更大的组网范围、跨时空尺度、全天候、多目标、长期、动态、实时原位等方向发展。水下施工作业装备也在加速向智能化、集成化和深远化的方向演进。深海水下油气生产系统将朝着更深水域、更数字化、更环保和更可持续的方向推进；而深海采矿装备则将进一步提升效率，并减少对环境的扰动。总体来看，美国、欧洲、日本、俄罗斯、澳大利亚等国家和地区在深海高端装备领域处于领先地位，尤其在装备的核心设计和关键配套技术方面具有明显优势。美国的水下油气生产系统已经发展成为智能化全电控系统，在水下采油树领域处于技术领先地位；英国、挪威等国也已突破深海油气开发技术的关键难题，成为全球海洋油气开采的领跑者。欧洲、美国、日本、韩国等国家和地区在海底采矿领域的技术发展起步较早，装备的先进程度较高，整体技术水平领先我国 8~10 年。目前我国已初步形成由载人与无人潜器构成的深潜装备谱系，部分技术已达到国际领先水平；深海采矿装备已经进入研发阶段，深海油气资源勘探开发正向深海推进，总体呈现出良好的发展态势。

在技术商业化前景方面，深海水下油气生产系统的装备设计面临较高的技术壁垒，欧洲和美国等国家及地区在这方面积累了丰富的经验，建立了较为成熟的技术装备产业链。同时，比利时 GSR 公司、加拿大 TMC 公司等企业在深海矿产资源开发领域取得了显著突破，并完成了多项海试，预计在未来几年内将实现海底矿山资源的商业化开采。然而，当前全球尚未出现适合进行商业化开发的深海采矿系统，大多数设备仍处于研发和试验阶段。

十三、深部资源利用

（一）深部资源利用关键技术

地球深部资源探采是解决资源和能源需求的必由之路。经过长期大规模高强度开发，地表 1000 米以浅经济可采的矿产资源正大幅减少，浅部资源支撑我国资源安全保障能力呈现下降趋势，深部资源开采将是我国矿产资源开发面临的迫切问题，也是今后保证我国矿产资源供给的最主要途径。深部资源利用的技术前沿主要包括：

1. 地球物理探测技术

地球物理探测技术通过利用地球物理场如重力、磁力、电磁波等，深入探测地球深部的资源分布情况。这些技术能够在不破坏地下结构的前提下，提供精准的地质信息，为深部资源的勘探与开发提供科学依据。它们在油气、矿产等资源的勘探中发挥着至关重要的作用。

2. 新型超深、定向钻探装备技术

新型超深、定向钻探装备技术是突破深部资源开采瓶颈的关键。通过高效、精确的钻探设备，能够在极高温、高压环境下实现深层钻探。定向钻探技术更是能够根据需求灵活调整钻井路径，为开采更深层次资源提供了可能，推动了资源开发向更深层次迈进。

3. 耐磨耐高温高压材料技术

耐磨耐高温高压材料技术是深部资源开采的核心支持之一。由于地球深部具有极端的高温和高压环境，开发高性能材料以耐受这些恶劣条件，对于钻探和设备的长时间稳定运行至关重要。这类材料技术的突破将极大提升深部开采的安全性与效率。

4. 地下资源勘测遥感技术

地下资源勘测遥感技术利用先进的遥感手段获取地下资源的信息，尤其是在深层或难以触及的区域。该技术能够实时监测地下资源的动态变化，为深部资源的精准勘探提供了全新的视角和工具，大幅提升了资源发现的效率与准确性。

5. 地质环境智能感知技术

地质环境智能感知技术结合人工智能、大数据等前沿技术，实现对地下地质环境的实时监测和智能分析。这一技术能够准确感知地下结构的变化和潜在风险，及时预警并为决策提供数据支持，显著提高深部资源开采的安全性与科学性。

（二）深部资源利用发展潜力

随着资源勘探深度和难度的逐步增加，地球物理方法和技术面临着新的挑战和要求：一方面要求仪器观测具有高精度、高稳定性、强抗干扰能力和多参量、多功能、高密度采集等特点；另一方面要求相应的资料处理、解释方法创新，以提高数据处理的保真性、反演解释的可靠性，如抗干扰数据处理的分离、深层信号的提取、三维高精度正反演、多种数据联合及约束解释，以及成果表达的可视化软件开发等。通过提升探测和勘探技术的深度与精度，进一步理解成矿过程，并增强寻找大型矿床的能力，已成为该领域发展的必然趋势。目前，国外已经形成了较为成熟的仪器、软件及方法体系，并实现了高度的商品化和产业化。我国的地球深部探测工作起步较晚，2008 年启动的“深部探测技术与实验研究”专项显著推动了我国深部探测的科研进展，完成了约 6000 千米的深地震反射剖面，并建立了适应我国大陆复杂岩石圈和地壳的探测技术体系。然而，在高端仪器设备的研发和产业化方面，我国与国外仍存在较大差距。在重、磁勘探方面，国外早在20世纪90年代初就实现了重力测量的数字化和自动化，近年来以氦光泵、铯光泵和质子旋进为代表的磁场测量技术也取得了长足发展。我国突破了微重力传感器和磁场传感器等核心技术，自主研发的磁力仪、重力仪已部分实现产业化。在金属矿地震勘探领域，加拿大、南非和澳大利亚等国相继开展了关于金属矿岩矿石波阻抗与反射系数、金属矿散射波场模拟及反射地震直接探测金属矿体的研究，有效揭示了矿层深部的产状。我国在数据处理与解释技术方面尚处于发展阶段，采集仪器与国际先进水平仍存在一定差距。在岩心钻探技术方面，国外的绳索取心钻进技术在1000米以上的深度能保持较高的台月效率，且钻杆寿命可达到3万米。我方在大深度、小口径岩心智能钻探技术方面已取得显著突破，并成功自主研发了4000米深度的地质岩心钻探成套设备。

我国深部矿产资源勘查技术与装备的产业化和商品化程度与国际先进水平相比仍存在较大差距。国外由于技术研发起步较早，产学研一体化链条完善，目前已实现了高度商品化。国外CG-5、GSM等重磁仪器，V8、GDP-32等电磁仪器，Sercel 428等地震仪器仍在我国占据市场主流。而我国的核心技术与装备刚刚取得突破，商品化和产业化程度仍较低。因此，亟须进一步提升仪器的工艺水平和实用性，包括轻便性、稳定性、抗干扰能力、制作工艺等，同时还要与高新技术企业加强合作，加速实现技术和装备研发成果的商品化。

十四、商业航天

（一）商业航天关键技术

商业航天是以市场机制配置资源，以企业为主体，以盈利为目的，以航天产品开发、系统运营、应用服务为核心的航天活动。从产业链角度来看，商业航天产业链上游为卫星制造，中游包括运载火箭制造与发射、卫星地面设备等，下游则为卫星运营与服务。商业航天的技术前沿主要包括：

1. 低成本可重复使用火箭技术

低成本可重复使用火箭技术通过设计能够多次回收和再利用的火箭系统，显著降低了航天发射的成本。这项技术使得航天运输变得更加经济高效，提升了发射频次，并为商业航天的发展提供了强有力的支持。通过回收和维修的方式，火箭的使用寿命大幅延长，进一步降低了运营成本，推动了航天行业的商业化进程。

2. 微小卫星量产技术

微小卫星量产技术通过标准化设计和批量生产，使得卫星的制造成本和周期大幅缩短。微小卫星体积小、重量轻，适合快速部署，广泛应用于通信、遥感、科学实验等领域。这项技术为商业航天提供了更多的市场机会，推动了全球卫星网络的快速发展，并为低轨道卫星群组网奠定了基础。

3. 太空资源开发与利用技术

太空资源开发与利用技术着眼于从太空中获取矿物、水资源等自然资源，为未来的深空探索和地球资源的替代提供可能。通过技术创新，采矿、提炼和资源运输等环节的可行性逐渐得到验证。这一技术的突破不仅能够推动太空产业的长期可持续发展，还能缓解地球资源日益紧张的局面。

4. 航天器在轨服务技术

航天器在轨服务技术包括卫星维修、加油、升级与更换等操作。这项技术能够在卫星生命周期内延长其使用时间，并有效提升卫星的工作效率。通过轨道上的操作，避免了过早的退役和资源浪费，是未来卫星群体化和商业化运营的关键技术之一，具有广阔的市场前景。

5. 卫星互联网技术

卫星互联网技术通过低轨卫星网络提供全球互联网覆盖，尤其是偏远地区的网络接入。这项技术突破了传统地面网络的覆盖限制，能够在全球范围内提供高速、低延迟的互联网服务。卫星互联网的应用不仅能推动全球信息化进程，还为新兴市场提供了更为公平的数字机会。

6. 深空探测、自主导航与高效推进技术

深空探测技术用于探索太阳系以外的星体和天体，推动人类的太空探索向更远、更深的空间迈进。自主导航技术让航天器无须地面指令即可自主导航，提高了任务的自主性和可靠性。高效推进技术则通过创新的推进方式，提升了航天器的燃料效率和任务持续性，是深空探测成功的关键。

（二）商业航天发展趋势

商业航天是新型生产力的重要体现，科技创新在该领域集中涌现。以美国太空探索技术公司（SpaceX）为代表的企业通过大力投入技术研发和创新，推动了可复用火箭、大规模小卫星制造、在轨服务、数字化载荷及 3D 打印等技术的不断突破。同时，卫星通信、遥感和导航等领域的商业公司也推出了新型卫星产品和服务，提供更高效、更精准的通信、遥感监测和导航定位服务。随着商业运载火箭、低轨互联网星座、亚轨道旅游和商业遥感等应用领域的快速发展，全球商业航天呈现出多样化的趋势。在技术研发上，重点聚焦于重型化和低成本运载火箭。2024 年，美国以 158 次发射排名全球第一，我国以 68 次发射位居第二。美国太空探索技术公司 SpaceX 的 134 次发射占全球火箭成功发射的 51%，展示了美国在运载和发射能力上的领先地位。我国在轨的商业卫星数量已超过 350 颗，力箭、朱雀、快舟、双曲线、谷神星等系列商业运载火箭连续发射成功，标志着我国在商业运载火箭技术方面取得了显著突破。与此同时，商业航天领域与互联网产业的跨界融合持续深化。目前，全球各国纷纷布局卫星互联网领域，通过低轨通信卫星星座为全球提供互联网接入服务，其中以 SpaceX 公司推出的“星链”计划进展最快，截至 2024 年底，已入轨 6358 颗卫星，并向北美、欧洲、拉丁美洲等 118 个国家和地区提供服务。我国企业进场较晚，但也有了鸿雁、行云、银河、天启等卫星互联网星座布局。在探索深度方面，逐步由近地轨道向深空探测迈进。

商业航天具有经济社会效益显著、辐射带动效应大、军民技术转化性强等特点，预计未来商业航天产业的参与主体将更加多元，市场规模将不断扩大。卫星发射将加速过渡到微型、高频、短周期的轻量模式，微小卫星成为发射主流，中低轨道资源将成为下一阶段空间开发的重点。而随着我国逐步进入巨型星座组网建设阶段，我国卫星制造供应链景气度有望上行，产业链核心配套企业有望受益。卫星服务作为产业链中最具盈利潜力和广阔市场空间的环节，将深入到大众用户层面，太空旅游、太空制药、卫星影像私人定制等应用展现出极大的发展前景。

第二章
领域研究篇

未来产业重点领域产业创新与战略发展

第一节 元宇宙产业创新与战略发展

元宇宙（Metaverse）一词最早由1992年科幻小说《雪崩》提出，2021年，Facebook创始人扎克伯格将公司名称中的“Meta”作为前缀，表示将元宇宙作为公司未来发展的愿景，激发了全球对元宇宙的广泛关注。元宇宙是通过数字技术构建的与现实世界相互映照、互动的虚拟空间，具备社会体系的数字生活环境。它融合了虚拟现实、数字孪生、区块链、5G、人工智能、云计算等多项新一代信息技术，预计将引发互联网的颠覆性变革，重塑未来的价值体系，并深刻影响人们的社交方式和娱乐选择。

一、全球元宇宙产业发展趋势

作为未来产业发展的风向标之一，元宇宙产业是未来数字科技的主流模式，其展现出的巨大市场潜力和发展前景，正在深刻影响着全球经济、政治、安全等格局。

（一）元宇宙产业将成为各国政府未来争夺的焦点

元宇宙产业作为新一代信息技术的综合应用，被广泛认为是具有巨大潜力的未来产业，正在逐渐发展为社会和经济的重要驱动力。目前，各国争夺“未来数十年元宇宙产业发展控制权”的竞争已进入白热化阶段，各国政府纷纷积极布局元宇宙产业。美国国会通过了《2022年芯片与科学法案》，将沉浸式技术列为十大科技领域之一；前总统拜登还签署了《关于确保负责任地发展数字资产的行政命令》，推动构建基于美元的数字资产体系，并防范元宇宙产业发展过程中可能出现的数字资产风险，以维护美国在该领域的领先地位。韩国政府发布了《元宇宙新产业领先战略——培育数字新政2.0引领新产业发展》，计划到2026年将韩国元宇宙产业规模提升至全球前五，并聚集超过4万名元宇宙专业人才，力争打造不低于220家的元宇宙企业。欧盟则通过《人工智能法案》《数字服务法案》和《数字市场法案》等一系列法律文件，严防元宇宙领域的市场垄断现象。

（二）元宇宙产业将成为世界经济下一个重要增长点

全球领先的咨询公司Analysis Group在分析元宇宙产业潜在影响后预测，到2031年，元宇宙产业的全球总规模将达到3万亿美元，元宇宙经济在美国、亚太地区和欧洲的GDP中占比最高。亚太地区的元宇宙经济预计将超过1万亿美元，约占总GDP的2.3%；美国的元宇宙经济将达到5600亿美元，占GDP的2.3%；欧洲地区的元宇宙经济将达到4400亿美元，占GDP的1.7%。此外，元宇宙产业的影响还将扩展到中东和北非、拉丁美洲、印度、撒哈拉以南非洲及加拿大等地区，推动这些地区的经济发展。

（三）元宇宙产业链的广度和深度将获极大拓展

元宇宙产业的发展不仅带来了游戏、虚拟数字人、虚拟空间等自身产业链的深化和拓展，还凭借其底层技术的发展、后端基建和前端设备的建设和应用场景的打造，为传统制造业、金融服务业、文化旅游业、教育产业、医疗产业等众多行业深度赋能，推动各行各业数字化建设，打造全社会型的虚拟产业链条，深度参与社会资源均衡分配。元宇宙产业链主要分为上游基础、中游要素及服务、下游应用领域3个部分（图2–1）。

二、中外元宇宙产业对比分析

（一）我国元宇宙产业底层技术储备有待加强

我国发挥完备的基础设施巨大潜力，努力实现对元宇宙技术的积极赶超。一是，中国全球领先的5G网络建设，极大地满足了元宇宙对大容量、低时延的“沉浸感”需求，6G网络的密集部署及领先节奏，也为元宇宙后续发展提供了关键动力。二是，以腾讯、字节跳动、阿里巴巴等科技巨头为代表的中国企业，紧跟元宇宙前沿技术发展趋势，整合优势业务迅速布局元宇宙产业，通过创新资源集聚及应用场景打造，推动元宇宙

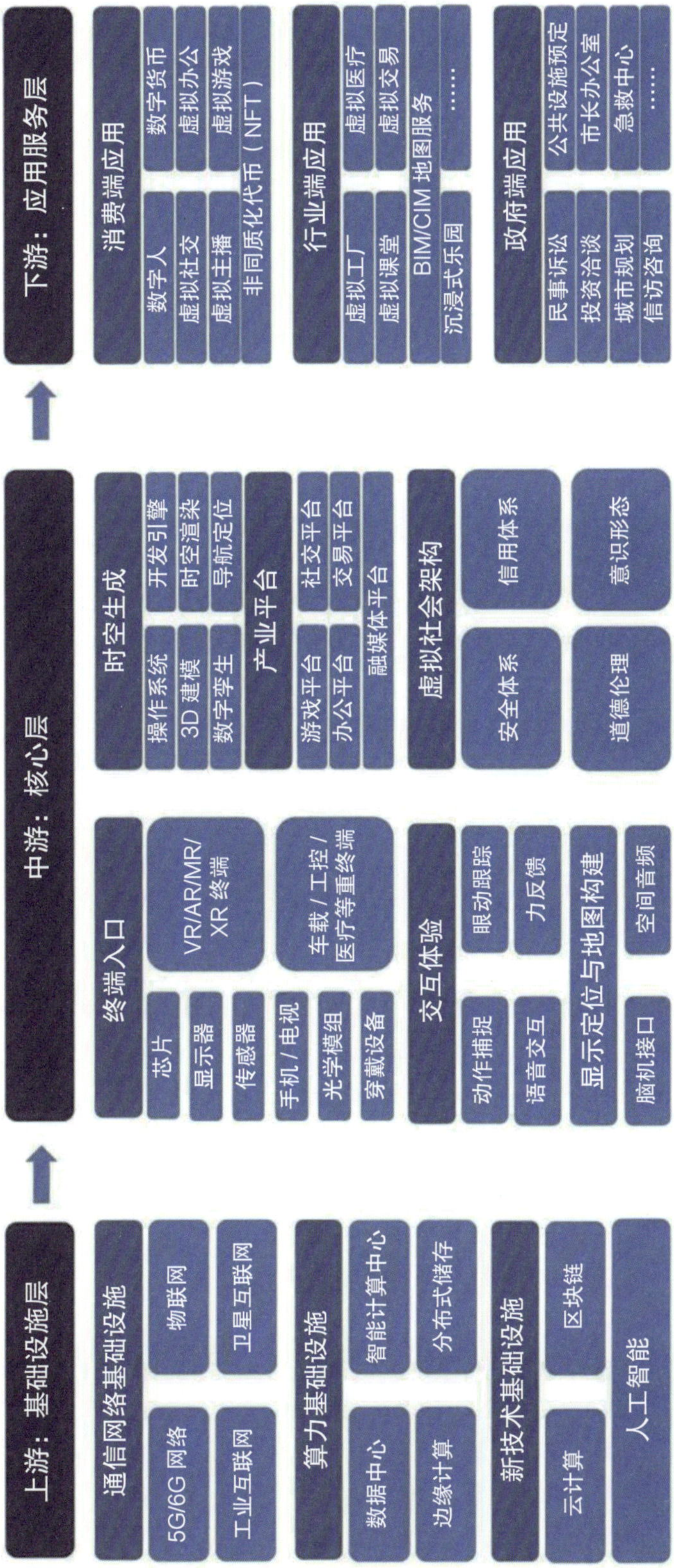

图 2-1　元宇宙产业链图谱

产业发展。但整体而言，中国的元宇宙底层技术仍处于跟随和追赶态势。美国得益于在技术领域的多年积累和布局，在云计算、XR 技术、AI 引擎等领域，已经形成一定技术壁垒，在多个领域扮演着技术标准制定者的角色。

（二）我国元宇宙产业链条尚不完备

国内元宇宙产业链的布局主要集中在上游的信息通信技术、中游的终端设备和下游的消费端应用服务。比如，山东歌尔的中高端虚拟现实头显已占据全球市场的80%，并且在全球 VR 头显的产销量上居首位；腾讯音乐娱乐集团（TME）推出的虚拟音乐嘉年华、百度发布基于百度大脑的百度 VR2.0 产业化平台及其元宇宙社交 App“希壤”，以及阿里巴巴成立的 XR 实验室和举办的元宇宙艺术展等，都极大地拓展了元宇宙的应用场景。然而，算法优化、芯片性能、电池续航和内容生成等领域仍有较大的提升空间。与此相比，美国的元宇宙研究与生态发展已初具规模，不仅在相关设备上构建了较为完善的产业链，还开始在运动、医疗健康、智能家居及智能制造等多个领域建立完整的生态系统。

（三）我国元宇宙市场牌照化监管有所欠缺

自2021年以来,我国多个地区自上而下推动元宇宙产业发展,形成了强大的推动力。北京、上海、浙江、福建、江西、山东、广州、无锡、合肥、海口、保定、重庆、武汉、成都等地陆续提出了推进元宇宙建设的相关方案和计划。然而，仍需以谨慎理性的态度防范元宇宙产业发展可能带来的风险。2020 年，中国开始在多个城市开启数字人民币试点，通过央行发行、流向追踪等审慎货币政策，有效规避资金波动所带来的金融风险。相比之下，美国为确保“元宇宙革命发生在美国”，推行“鼓励投资”和“积极监管”并行，采取自下而上的牌照化管理策略，推动元宇宙市场有序发展。政策因州而异，但框架完整，可执行性强，更加关注底层设施建设，主张经济自由发展。

三、山东元宇宙产业创新现状

山东元宇宙未来产业发展基础优势明显，具有齐全的虚拟现实、数字孪生、区块链、物联网、5/6G、人工智能等相关技术储备，以及智能制造、文旅、教育、医疗等多行业技术应用场景。目前，正在加大力度做优济南数字工具和潍坊整机制造产业引擎，做大烟台、威海等市元宇宙产业应用规模，打造“一核引领、双擎驱动、多点支撑”的元宇宙产业发展格局。发展呈现出以下特点。

（一）在元宇宙相关领域不断取得技术突破

山东省在元宇宙产业方面持续深耕，形成了多项技术突破，优势明显。虚拟现实领域，以歌尔为代表的龙头企业在整机轻量化、光学模组、散热模组等相关技术研发方面取得重要成果。数字孪生领域，星鲨虚拟现实技术研究院、青岛出版集团、山大华天、济南科明数码等企业在数字文旅、数字教育、智能制造、安全培训等领域积累了大量经验，并实现了分布式空间下的数字孪生技术突破。区块链领域，山东大学－浪潮元计算研究院、山东区块链研究院在区块链关键核心技术研究方面积极发挥引领作用，在基于区块链的可信数据空间、数字资产与金融服务方面加大研究投入，在产权存证、产权分割、隐私保护、智能合约等相关技术领域取得了阶段性突破。5G/6G领域，山东未来网络研究、浪潮天元通信、泓淋电力、华辰泰尔等单位围绕网络切片、太赫兹通信、通信感知一体化、通信与人工智能融合等潜在技术展开研究，主动谋划、前瞻部署、厚植根基，并在关键核心技术领域取得突破。

（二）整合高校院所创新资源建立技术平台

山东致力于整合企业、高校、科研院所等各类创新资源，聚焦虚拟现实领域的关键共性技术突破，推动产业孵化和人才培养，促进全产业链创新和生态链建设，推动产业链的协同发展，在虚拟现实核心技术领域形成合力，力争打造全球虚拟现实产业的高地（代表性企业见表 2–1）。青岛市投资约 300 亿元建设虚拟现实产业园，计划打造全球最大的虚拟现实研发制造基地和国内面积最大的虚拟现实产业园区，进一步加速虚拟现实产业集群的发展。目前已建成国家虚拟现实创新中心（青岛）、山东省 5G 高新视频创新创业共同体等各类科技创新平台 10 余家，争取“虚拟现实”山东省重大科技示范工程等多项省级以上重大科技项目及超 1 亿元的省财政资金支持。济南以航天信息底层区块链平台为基础，打造开源开放的联盟链——齐鲁产业联盟链平台，通过底层技术平台开源 + 开发工具共享 + 模块组件化公开 + 教育培训指导 + 方案设计顾问等多层次赋能方式，帮助省内区块链项目不断落地，带动区块链产业发展。潍坊建设山东省显示光学技术创新中心、山东省虚拟现实重点实验室，围绕元宇宙智能终端设备领域展开研究，开展虚拟 / 增强现实整机系统技术、声光学技术及自动化测试装备研制，提升全产业链竞争实力。地区分布见图 2–2。

山　东　省

山东省标准地图

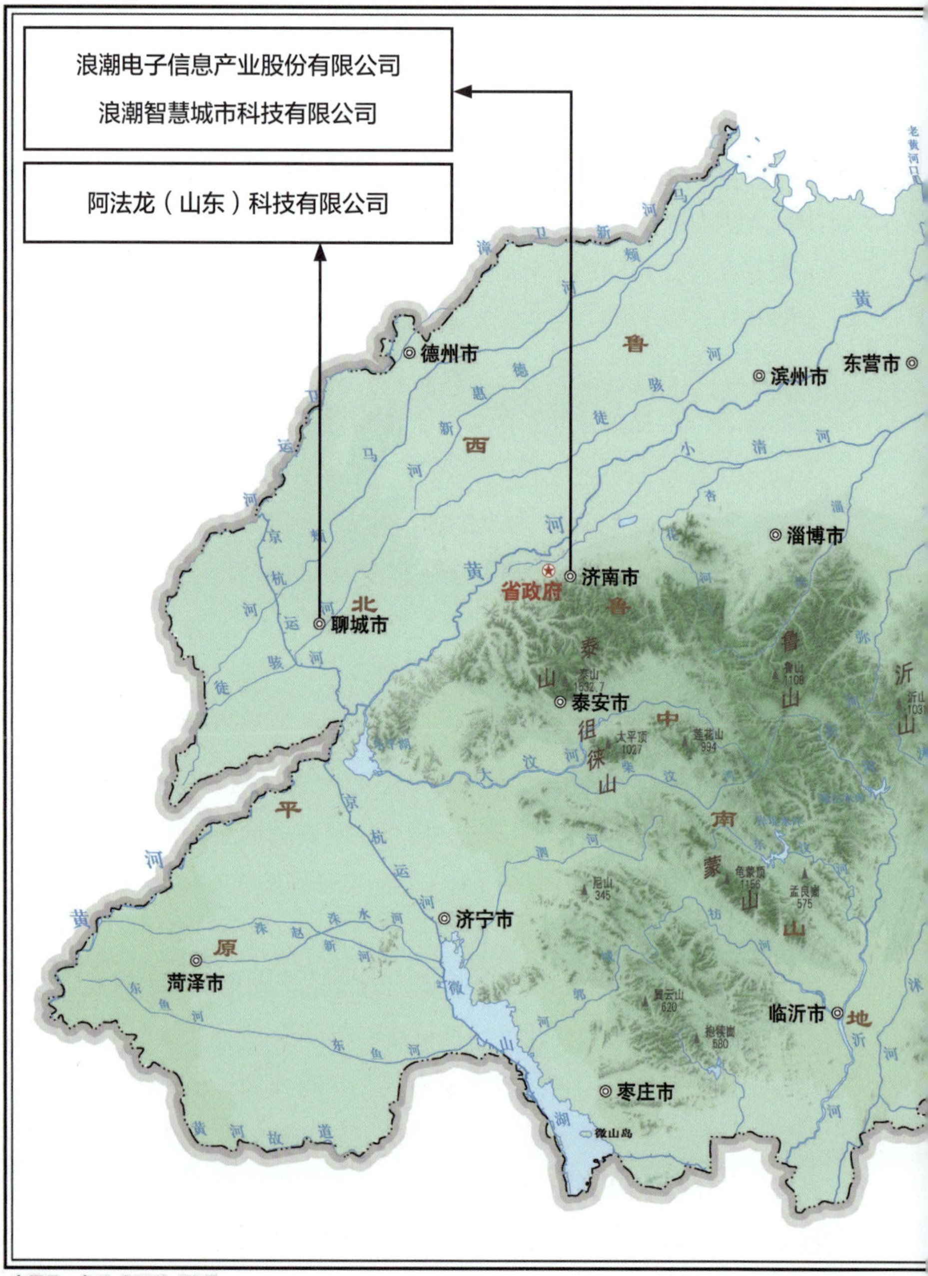

审图号：鲁SG（2024）035号

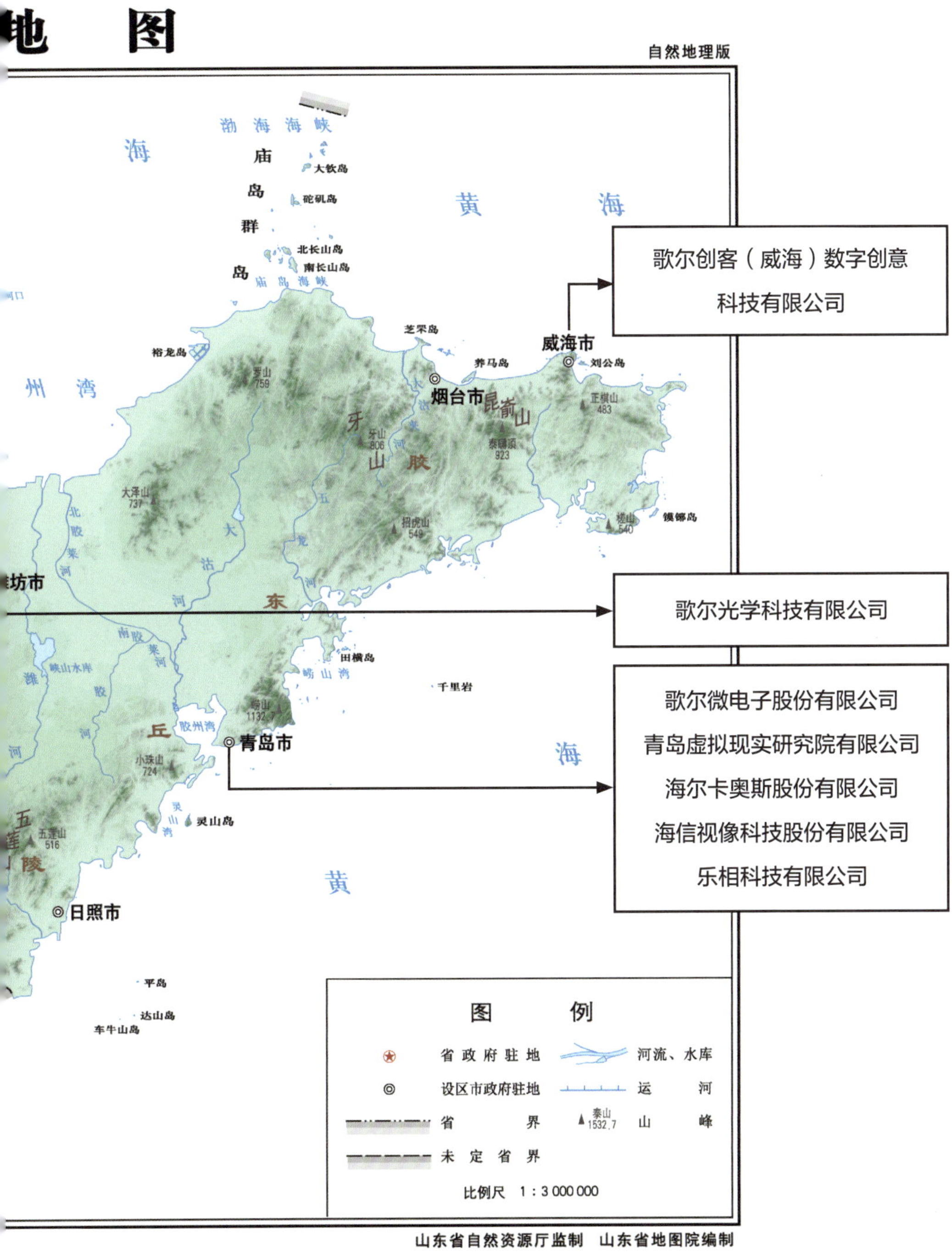

图 2-2　山东元宇宙产业地区分布

表 2-1　山东元宇宙产业代表性企业

序号	企业名称	城市
1	歌尔微电子股份有限公司	青岛
2	青岛虚拟现实研究院有限公司	青岛
3	海尔卡奥斯股份有限公司	青岛
4	海信视像科技股份有限公司	青岛
5	乐相科技有限公司	青岛
6	浪潮电子信息产业股份有限公司	济南
7	浪潮智慧城市科技有限公司	济南
8	歌尔光学科技有限公司	潍坊
9	歌尔创客（威海）数字创意科技有限公司	威海
10	阿法龙（山东）科技有限公司	聊城

（三）加大力度打造元宇宙技术应用场景

山东在工业、文旅、教育、医疗、社会治理等多个领域具有广泛的元宇宙应用场景和市场，呈现出向多领域、多产业拓展延伸，市场规模迅速扩张的态势，借助海量的元宇宙应用需求将加快技术革新与产业生态补全。例如，淄博市启动数字化工作改造行动，与省内外知名企业、技术团队合作，为传统制造业搭建边缘计算平台，推进生产线智能化制造。淄博市高青县创新推行“VR 全景”政策解读模式，利用虚拟现实技术制作行政审批相关政策解读的虚拟现实展示，把抽象的理论政策巧妙转化到能听、能看、能感受、能互动的场景化应用中，让群众“身临其境”地知晓政策内容，助力服务型政府建设。济宁曲阜市的三孔景区推进数字化文旅融合项目，裸眼 3D、全息投影展示、虚拟现实、体感互动等元宇宙技术，为儒学提供了丰富多彩的现代传播方式。潍坊寿光市通过数字化技术的应用，推动智慧基础设施升级和远程医疗发展，投资 3000 万元在各级医疗机构部署了超过 2600 个智能终端，如电脑和健康一体机。该市还积极推动县、镇、村三级医疗信息的共享，并开放卫生健康、医疗保险、公安和民政等部门的数据端口，汇聚形成包含 4.5 亿条标准数据的“健康大数据池”。借助云计算和大数据技术，这些与民众健康密切相关的场景和数据得到了不断升级，从而建立起覆盖群众全生命周期的“数字健康大脑”。

山东元宇宙产业优势在头戴设备、服务器、高清显示等硬件制造，而下游内容创作环节普遍偏弱，缺乏标志性创新产品，文旅、视听、游戏、在线地图等应用平台的体量和知名度远不及美团、抖音、腾讯等国内大平台，与北京、上海、广东、浙江、江苏等省市还存在较大差距。此外，山东元宇宙产业人才集聚也有待加强。根据新浪VR与猎聘联合发布的《2022元宇宙人才发展白皮书》，元宇宙中高端人才主要集中在北京、上海、广州、深圳、杭州5个城市，而山东的济南和青岛在全国高端人才分布中分别位列第18位和第20位。智联招聘的《2022年元宇宙行业人才发展报告》显示，在元宇宙行业人才岗位需求的全国前十大城市中，除北京、上海、广州、深圳外，成都、杭州、武汉、南京等城市也在榜单上，而济南、青岛、潍坊则排在第10名之后。

四、山东元宇宙产业战略发展路径

元宇宙作为未来产业的重要组成部分，其特点在于构建一个既源自现实世界又影响现实世界的数字虚拟空间。它基于扩展现实技术，提供沉浸式体验；通过数字孪生技术，生成现实世界的镜像；并利用区块链技术，构建一个支持用户进行内容创作和世界编辑的经济体系。其发展路径是一个梯次进行的系统工程，需要分阶段与应用场景融合。

（一）不断加强元宇宙产业技术储备

技术储备是元宇宙发展的重要阶段。在这个阶段里，全球科技企业都会在游戏、终端硬件、社交应用等元宇宙细分赛道不断进行技术创新，且通过构筑技术壁垒，实现自身技术优势。山东省应结合自身产业现状，依托重点科研单位和龙头企业，明确优先发展的技术方向，在虚拟/增强现实光学关键技术、感知交互技术、轻量化技术、高效散热技术、视频透视技术、高性能硅基OLED显示技术、三维图形渲染引擎、工业元宇宙关键技术方面，进行前瞻布局和重点研究，推动山东省元宇宙产业结构优化调整和转型升级。

（二）不断探索元宇宙产业商业模式

探索统一、成熟、可持续的元宇宙商业模式，是构筑元宇宙经济增长点、带动社会生活出现跨越式变革的重要环节，也会成为世界各国竞争的重点。山东省推动元宇宙产业发展，需要未雨绸缪，针对社会经济发展的痛点和需求，针对实现现实生活数字化场景平台所需要的基础设施和关键设备，通过各个行业不断对数字化技术和虚拟化技术的沉淀，探索适应各个行业可行的商业模式，为元宇宙产业进入商业模式形成期，打好基础。

（三）加快建立元宇宙产业生态体系

生态体系的建立是元宇宙产业发展成熟的重要标志。在这个阶段，全球将建立元宇宙产业的统一数据标准、支付体系标准、身份认证体系标准，实现不同元宇宙之间的数据互通和相互交融；元宇宙产业将会出现跨平台、跨行业的生态互通，围绕产业和个人双中心形成大元宇宙的生态系统。山东省需要紧跟国家战略规划，密切关注元宇宙商业模式的发展情况，以及元宇宙赋能各行各业的发展情况、盈利情况，持续不断地完善山东元宇宙产业布局，吸纳社会资源，提出元宇宙生态形成的山东模式。

第二节 人工智能产业创新与战略发展

人工智能（AI）是一个新兴的科学技术领域，专注于研究和开发模拟，延伸及拓展人类智能的理论、方法、技术和应用系统，因其表现出的强大的学习能力、推理与决策能力、自适应能力、高效率和高精度、智能交互、多领域应用等特点，成为引领新一轮科技革命和产业变革的重要推动力，助推经济社会各领域由数字化、网络化向智能化加速跨越，成为国际竞争新焦点。

一、全球人工智能产业发展趋势

人工智能技术已经广泛应用于医疗、教育、金融、交通、农业等多个领域，涉及机器人、语言识别、图像识别、自然语言处理、专家系统、机器学习和计算机视觉等技术。随着大模型和生成式人工智能技术的出现，其强大的数据处理、学习泛化和内容生成能力为人工智能技术的应用场景提供了更多创新的可能性，加速了人工智能在各行业的普及和应用。人工智能应用正在加速扩散，逐步向办公、设计、媒体、法律、游戏、教育、汽车等各个领域渗透。

（一）人工智能产业规模不断扩大升级

人工智能产业链包括三大部分：基础层、技术层和应用层。基础层涵盖数据服务、硬件设备和软件平台等内容；技术层包括机器学习、知识图谱、大模型、类脑算法、计算机视觉、智能语音和生物特征识别等；应用层则包括智能机器人、智能交通工具、虚拟数字人、智能制造、智能家居、智慧医疗、智慧城市、智慧金融等（图 2–3）。截至 2023 年 6 月，全球人工智能企业已达 36 000 家，并呈现稳定增长趋势。美国作为人工智能的发源地，其企业数量为 13 000 家，占全球总数的 33.6%；紧随其后的是中国，占比 16.0%；英国位列第三。《中国人工智能区域竞争力研究报告》显示，2024 年，中国人工智能产业规模突破 7000 亿元人民币，连续多年保持 20% 以上的增长率。

（二）大模型的发展引领人工智能发展

大模型（Large Model）是人工智能领域中的关键模型，也是生成式人工智能的代表之一。大模型通常指的是参数量和数据量都很庞大的深度学习模型，目的是提供更强大、更准确的模型性能，以应对更复杂、更庞大的数据集或任务。通过大模型的构建，生成式人工智能通过自学习的方式来实现自我学习，然后产生新的、原创的内容或者专业知识的产品，并且能够持续增强它们的能力。其中，最热门的当属 ChatGPT，上线仅仅两个多月，月活用户就上亿，开启付费功能后的短短 5 天，付费用户就破百万。对标 ChatGPT，我国诸多巨头企业跟进发布大模型，百度、华为、商汤科技、阿里巴巴等互联网企业也相继在该领域发布大模型产品。数据显示，2023 年，生成式人工智能在中国企业中的采用率已达到 15%，市场规模约为 14.4 万亿元，且生成式人工智能研究推动了人工智能技术的发展。

（三）人工智能垂直领域市场火热

人工智能不仅广泛应用于计算机科学领域，还在医疗、教育、金融、交通、农业等多个行业展现了卓越的能力。2024 年，人工智能在垂直领域的落地和应用是发展主线，在金融领域，大模型可以提供银行风险评估和智能投资建议，这些技术进步将有效提升教育、医疗、端侧设备和工业场景的行业效率和服务水平，尤其在教育和自动驾驶等垂直领域，人工智能的应用将成为未来发展的主导方向。市场研究机构 Omdia 报告显示，全球人工智能软件市场规模在 2024 年约为 970 亿美元，其中语音助手、虚拟助手和图像视频内容分析的占比均较大，规模分别达到 94 亿美元、69 亿美元和 35 亿美元。

（四）人工智能发展已上升到国家战略高度

美国在 2016 年发布了“国家人工智能研究与发展战略计划”，并在 2019 年通过“美国人工智能倡议”明确了人工智能发展的战略目标，重点为加强研究、推动创新应用，

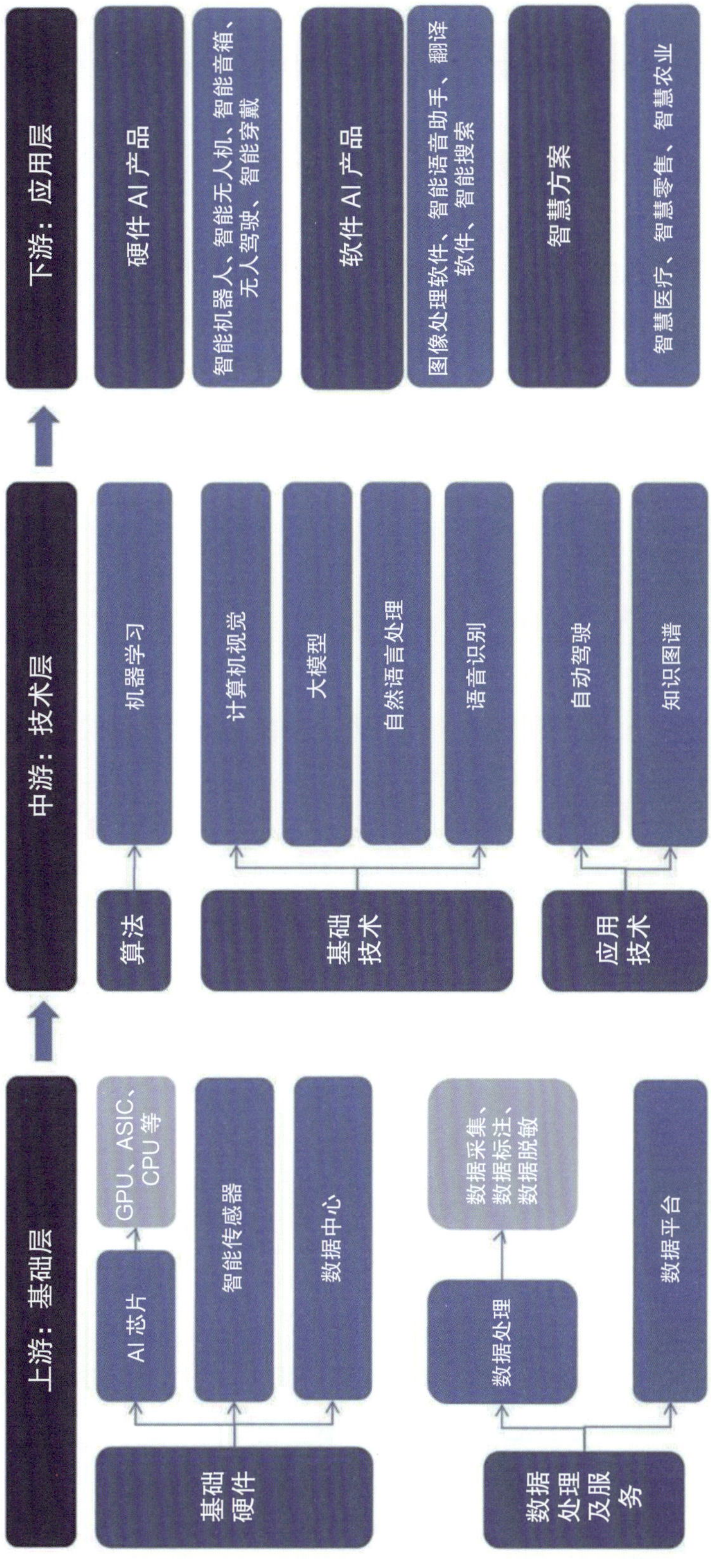

图 2-3　人工智能产业链图谱

并培育人工智能技术人才。欧盟则在2019年发布了《人工智能伦理准则》，旨在确保人工智能发展符合伦理道德标准。中国在2017年发布了《新一代人工智能发展规划》，设定了人工智能领域的长期发展目标，力争到2030年实现全球领先，涵盖人工智能基础理论、技术与应用等方面，并在2025年取得重大突破。2023年发布了《生成式人工智能服务管理暂行办法》，而在2024年《政府工作报告》中，人工智能被多次提及，“人工智能+”行动计划也正蓄势待发。此外，一些欧洲国家如德国、法国等也都有自己的人工智能发展计划，旨在提升本国在人工智能领域的竞争力。

二、中外人工智能产业对比分析

英国权威统计机构TortoiseMedia发布的“全球人工智能指数”显示，在综合人才储备、基础设施、政策支持、科研投入等方面，美国和中国在人工智能领域稳居世界前两位，新加坡、英国和加拿大分列3~5位，欧盟和亚洲其他国家近年来也呈现出迅猛发展势头，人工智能领域呈现较为稳定的发展格局。根据全球顶级风投机构Andreessen Horowitz（a16z）2025年发布的《全球100生成式AI应用排行榜》最新数据，中国DeepSeek等产品已成功进入全球前五，打破了美国长期垄断的局面；不过在基础算法和芯片等核心技术领域，中国仍需持续追赶美国的领先优势。

（一）在AI机构和人才竞争上，我国与美国差距明显

根据排名前列的研究机构数据，全球人工智能核心机构的前100位中，美国以46席领先，位居全球第一，中国以19席排名第二，德国和英国分别排名第三和第四。在机构、大学、研究所和企业排名前20位中，美国以17、15、6、13的席位和85%、75%、30%、65%的占比占据绝对优势，而中国则明显略逊一筹，分别占据1、1、1、0的席位和5%、5%、5%、0%的占比。美国强势领跑，囊括十三大领域顶尖学者席位；我国在信息检索与推荐、多媒体领域分别位居榜首；德国在机器人和可视化领域有两项排名第一；意大利在物联网领域排名第一；日本则在电脑图形领域领先。从学者国家分布来看，美国以1188人次在AI 2000名学者和提名学者中数量超过一半，高达55.35%；中国以369人暂居第二，所占比例为16.15%；排在第三位的德国占据100人次，占比5%；加拿大排名第四，榜单中学者人数不足100人。

（二）我国人工智能技术的差距主要表现在运算能力方面

当今的 AI 技术主要是三个要素：数据，算法，运算能力。中国庞大的人口规模使得数据在各个行业领域都占有绝对的优势，从人工智能企业的核心技术布局来看，大数据和云计算这两个领域中国占比最高，达到 43.7%。算法上，中美差距不是很大，中国的研究者在深度学习、强化学习、自然语言处理等领域都作出了重要贡献。但是中国在技术创新上存在滞后性，其实最主要的差距，还是在基础的计算设备的差距，美国拥有世界顶级的超级计算机和先进的 AI 计算平台，英伟达和英特尔分别占据硬件芯片 GPU、CPU 的绝对市场，训练感知用的传感器也几乎由美国的公司所垄断。中国算力行业的规模在过去几年一直在增长，每年增长接近 30%。根据工业和信息化部统计，截至 2024 年 7 月，我国算力总规模已达 230 百亿亿次浮点运算 / 秒（Eflops），排名全球前列。我国正在加快建设并优化算力供给体系，着力缩小与美国的算力差距，并提升算力基础设施的综合能力。

（三）我国巨大市场应用优势明显，垂直领域潜力巨大

基于人口众多的特点，中国在人工智能领域呈现出应用场景、产业集群效应、数据规模优势，尤其是在计算机视觉领域和语音识别领域尤为突出。从企业数量上看，我国 60% 以上人工智能企业的产业链集中在应用层；从产品数量上看，2021 年人工智能领域所有出版物（应用等），中国占比接近 23.2%，引用占比近 22.6%，位居全球第一，远超英国、欧洲（15%）和美国（10%）；从专利数量上看，2017 年中国人工智能专利申请量首次超过美国，截至 2025 年，人工智能相关专利申请量达 1 576 379 件，占全球申请量的 38.58%，位居全球第一。从细分领域来看，生成式 AI 表现出巨大的发展潜力，2023 年我国生成式 AI 的企业采用率已达 15%，市场规模约为 14.4 万亿元。

（四）我国 AI 研发投入有待增强

《2022—2023 全球计算力指数评估报告》数据显示，综合全球 15 个主要国家来看，AI 算力支出占总算力支出的比重在近年来呈现出增长趋势。在 AI 初创企业的投资份额方面，2022 年美国在 AI 初创企业的投资份额达到了 53%，而中国份额为 10%。有学者援引数据称，2023 年上半年，国内人工智能领域的投融资案例约为 161 起，较去年同期减少了 49%，涉及总金额 61.74 亿元人民币，较上年同比下降 62%。我国在人工智能领域的研发投入逐年增加，但与美欧日等先进地区相比仍有一定差距，正在积极追赶。

三、山东人工智能产业创新现状

山东省在人工智能领域的产业创新十分活跃，且取得了显著的进展。山东省人工智能产业与北京、广东、上海、浙江、江苏等同属第一梯队，核心业务产值 600 亿元，同比增长超 50%；2024 年带动相关产业规模超 1700 亿元，同比增长约 25%。从中国工程院发布的《中国新一代人工智能科技产业区域竞争力评价指数（2024）》报告看，山东省人工智能竞争力总体评价指数居全国第 6 位。

（一）人工智能企业数量众多，产业发展前景广阔

企查查数据显示，截至 2024 年 5 月，我国现存人工智能相关企业 185.9 万家，相对集中分布在东部沿海地区。其中，广东省现存 27.16 万家，占比 14.6%，江苏省、山东省分别现存 14.35 万家、13.98 万家相关企业，分别占 7.7%、7.5%，位列国内省份前三。山东省已有人工智能骨干企业近 1000 家（代表性企业见表 2–2），核心产业产值超过 100 亿元，与北京、广东、上海、浙江、江苏等同属第一梯队，核心业务产值 405 亿元，约占全国比重 7%，2024 年带动相关产业规模超 1700 亿元，同比增长约 25%。

表 2–2　山东人工智能产业代表性企业

序号	企业名称	城市
1	浪潮电子信息产业股份有限公司	济南
2	神思电子技术股份有限公司	济南
3	山大地纬软件股份有限公司	济南
4	济南博观智能科技有限公司	济南
5	海尔智家股份有限公司	青岛
6	青岛云天励飞科技有限公司	青岛
7	标贝（青岛）科技有限公司	青岛
8	创新奇智（青岛）科技有限公司	青岛
9	青岛极视角科技有限公司	青岛
10	以萨技术股份有限公司	青岛
11	智洋创新科技股份有限公司	淄博

（二）以济南和青岛为核心的创新平台集聚效应凸显

山东省近7成的人工智能骨干企业集中在济青人工智能创新应用先行区。自济南-青岛人工智能创新应用先导区获批以来，该区域已成功争取到3个国家级公共服务平台，分别是济南人工智能应用发展产业技术公共服务平台、青岛面向人工智能创新应用先导区的应用场景公共服务平台和面向智慧家庭的异构系统智能交互公共服务平台。综合实力TOP20的城市中，企业调查大数据研究院发布的《中国人工智能创新城市竞争力全景报告》显示，济南、青岛榜上有名。人工智能产业地区分布见图2-4。

济南人工智能产业发展迅猛，2022年拥有人工智能企业358家，聚集了一批人工智能骨干企业，如浪潮、金现代、山大地纬、博观智能、兰剑智能、神思电子、高速信联、奥太电气、众阳健康、中维世纪、万腾电子、亿云信息、麦港数据等。其中，亿云信息、麦港数据、万腾电子、万腾电子形成了一批全国领先的优势产品和应用场景，在智能制造、智能机器人、智慧医疗、智慧交通、智慧城市、智慧政务、智慧农业等领域构建了应用场景广泛、载体平台支撑的人工智能发展格局，济南人工智能发展潜力跃升至全国前三。2024年7月，济南市政府发布《济南市新一代人工智能高质量发展行动计划（2024—2026年）》，济南将打造以四个集聚区、多个产业园为主体的“四聚多园”空间格局，增强产业集聚效应，加快人工智能产业化进程。

青岛获批创建国家人工智能创新应用先导区，在国内首创成立了由华为、腾讯、百度等头部企业组成的人工智能产业共同体。青岛已规划建设人工智能产业园，以青岛智算谷为中心园区，联动海尔科创生态园、海信全球研发中心，在智能家居、工业智能、智慧城市、智慧金融、生命健康、空天地海六大应用场景深度拓展中，在信创硬件制造、复杂算法软件研发、模型训练与数据服务三大新兴赛道发力。2023年，青岛市聚集了500多家人工智能企业、226家规上企业，人工智能产业实现营业收入672.6亿元，增长28.9%，展现出一条“以创新拓场景、以场景带应用、以应用促产业”的青岛之路。

（三）山东计算能力和算法水平位居国内前列

山东省在基础支撑、核心技术、行业应用3个方面已经形成了较为完整的产业体系。其中，国家健康医疗大数据北方中心、国家海洋大数据中心等一系列产业大数据中心在山东落地，为人工智能产业集群发展提供坚实的数据条件；浪潮和超算中心能够为企业提供数据供应、数据传输、数据分析、数据存储、数据标记等服务。

山　东　省

山东省标准地图

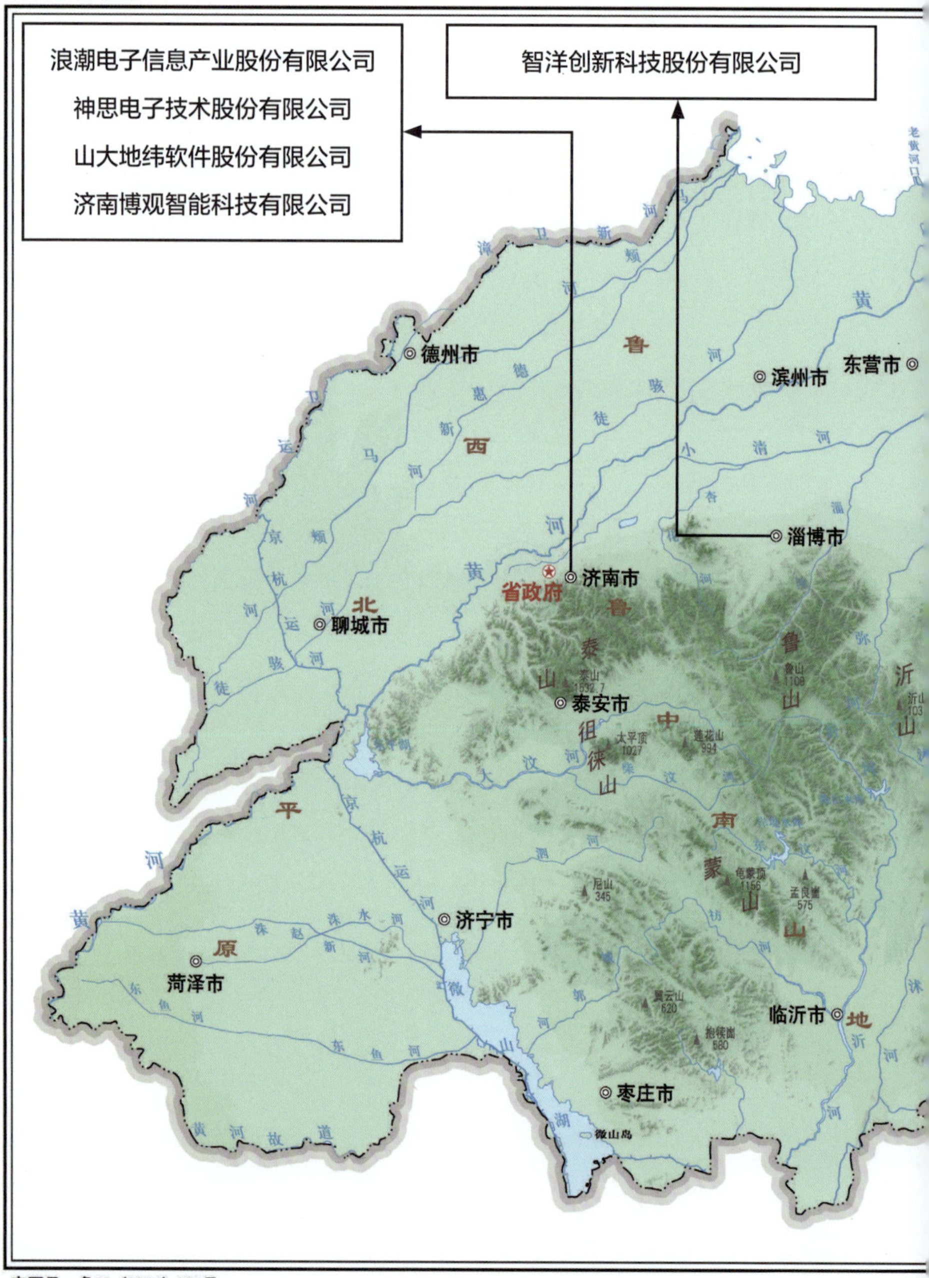

审图号：鲁SG（2024）035号

地　图

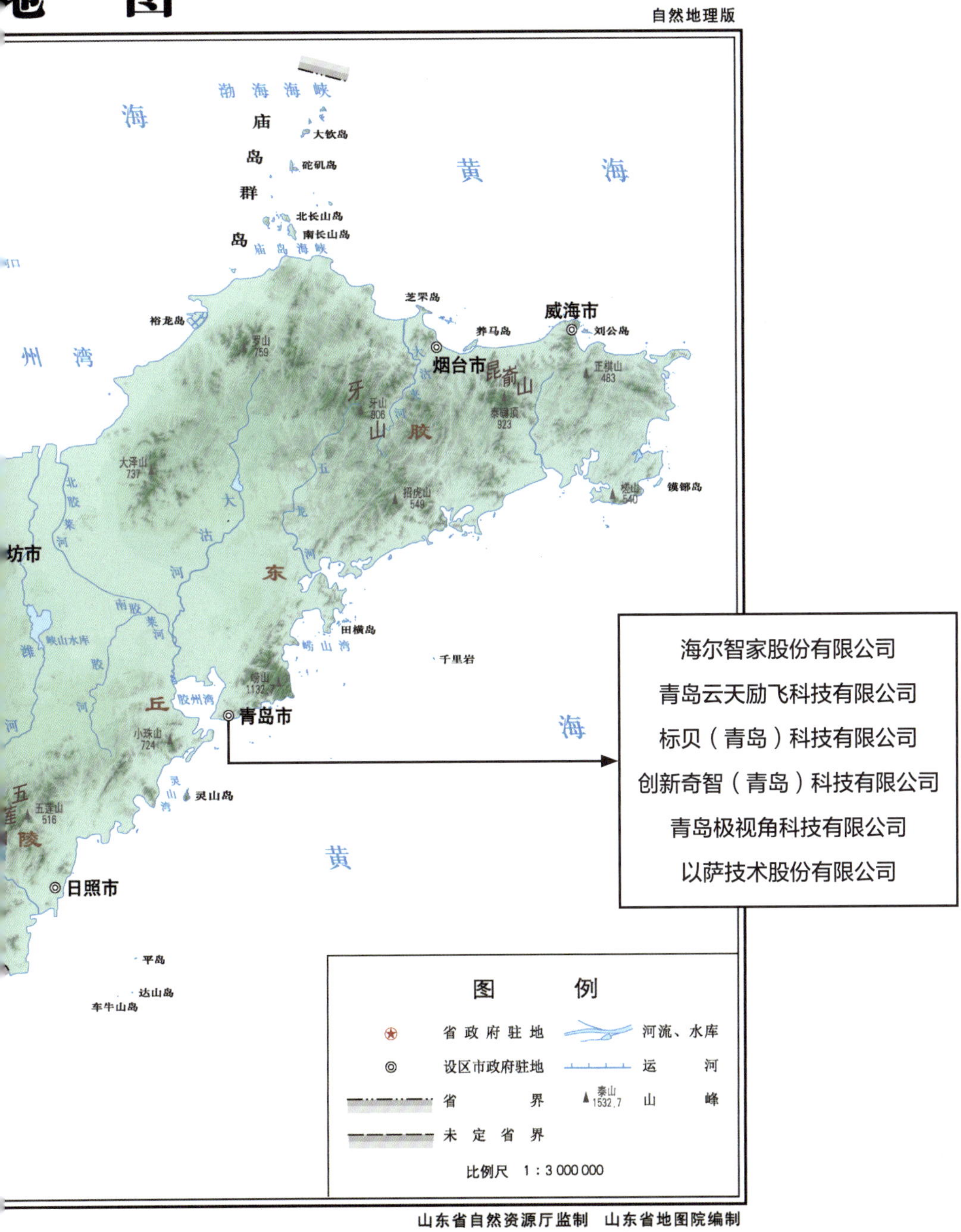

图 2-4　山东人工智能产业区域分布

在算力支撑方面，国家超算济南中心、青岛国实集团、山东艾特云翔信息科技有限公司、济南人工智能计算中心均建有人工智能算力集群，全省通用算力规模达 9500 PFlops（GPU 人工智能集群算力规模超过 3000 PFlops）。国家超算济南中心成功建成国内首台完全依赖自主 CPU 构建的千万亿次超级计算机“神威蓝光”，并搭建了完全国产化的“神威 E 级原型系统”和具备全球领先算力的“山河”超级计算平台，人工智能算力达到 1000 Pops。在先进算法方面，构建了开源软件生态，培育形成了一批具有行业领先水平的先进算法，涵盖基础软件、产业软件、新兴平台软件、嵌入式软件及大型产业软件的研发。国际权威算法公开评选中，眼神科技的人脸识别和虹膜识别算法均获得世界亚军；博观智能获得多项世界级算法测试数据集冠军，其中包括车道检测和人像识别；蓝剑钧最新独立开发的人工智能对抗网络算法，具有国内先进水平；在设计高抗冲突算法与国密安全算法方面，山东航天人工智能安全芯片研究院的国密算法高抗冲突物组网安全芯片实现了突破性创新。创新奇智在计算机视觉（CVPR）国际挑战赛中连续夺冠。

（四）山东大模型发展势头迅猛

山东省人工智能产业体系较为完善，行业应用较广泛，其中 AI 大模型的快速发展功不可没。在细分行业领域，智能制造、智慧城市、智慧医疗等多个领域推动了产业的转型升级，涌现了一批龙头企业，海尔科技、神思电子、丽阳神州、爱维宝贝、众阳健康等企业专注于开发垂直领域大模型，在智能矿山、能源电力、医疗康养、基础教育服务及家庭服务等领域均有研发成果，部分产品已面市。其中，浪潮海若大模型（Hairuo）在 QASC 挑战赛中，以准确率 93.70% 的绝对优势，超越第二名的 93.48% 和人类表现均值 93.33%，成功斩获榜单第一名，刷新了世界纪录；海尔智家大模型（HomeGPT）被评为“大模型优秀创新应用案例”，获得“可信 AI”大模型标准符合性验证最高等级的“4+ 级”评价，成为首个获得行业权威评估的智慧家庭领域专业模型；华为云盘古研发大模型在中国信息通信研究院组织的首轮代码大模型评估中，最终获得“4+ 级”，成为国内首批通过该项评估的企业之一。青岛创新奇智孔明工业大模型参数量级超过了 750 亿，参数量的显著增加使得模型在处理复杂任务和多模态数据方面具备更强的能力。

人工智能产业在山东省发展态势较好，但仍面临一些挑战和问题。第一，人才的紧缺和供求关系不平衡。山东省人工智能人才储备目前比较缺乏，尤其是高端人才更是缺乏。这主要体现在缺乏具备深度学习、机器学习等核心技术研发能力的人才，以及缺乏具备跨界融合创新能力的复合型人才。一方面，人工智能领域高校、科研院所人才培养规模有限、能力有限；另一方面，产业界对人工智能人才的需求越来越大，造成了越来越大的供需矛盾。第二，基础研究、技术创新有待增强，投入研发不足。比如，山东省在自身算力上与国际头部企业的差距逐渐加大，这在一定程度上制约了山东省人工智能产业的发展速度和核心竞争力，因此山东省在人工智能领域的技术创新能力和研发水平相对较弱，缺乏具有自主知识产权的核心技术和创新成果。与一些发达地区相比，山东省在人工智能领域的研发投入相对较低，导致在新技术、新产品和新应用的研发方面进展缓慢，这对在人工智能领域处于领先地位和竞争优势的山东来说是不利的。第三，协同机制还不够健全，需要密切加强产学研的融合。山东省在人工智能领域的产学研合作机制尚不完善，企业、高校和科研院所之间的合作不够紧密。这限制了创新资源的有效流动和共享，影响了山东省人工智能领域的创新能力和竞争力。

四、山东人工智能产业战略发展路径

（一）发挥特色优势，加大技术创新与研发投入力度

在数据管理能力成熟度模型（DCMM）贯标试点方面，山东省已有 178 家企业通过 DCMM 贯标评价，位居全国首位。在公共数据共享开放方面，山东省无论是在有效数据采集量还是数据容量方面，均累计完成数据共享服务 340 亿次，排名全国第一。山东省丰富的数据资源为产业整合和人工智能技术创新提供了广阔空间。

下一步，一是要推进公共算力平台建设，提升算力算法供给能力，引导推动济南、青岛等地区适度超前，统筹布局算力、数据等基础设施。二是发挥山东省高校科研资源，加快推动校企合作进程，共同推动人工智能技术的研发和应用。依托山东大学、齐鲁工业大学、烟台大学、济南大学等高校相继成立的人工智能研究院，充分发挥研发团队实力和人才优势，为关键技术领域提供研究基础和创新能力。三是加大研发投入，建议政府出台一系列支持研发创新的政策措施，如税收减免、资金补助、研发费用加计扣除等，以降低企业的研发成本，激发企业的研发积极性。同时建立完善的研发投入激励机制，对研发投入持续增长的企业给予奖励和补贴，培育一批技术创新能力处于国内领先水平的龙头企业，形成良好的大中小企业融通发展的生态。企业应根据自身发展目标和市场需求，明确研发战略，确保其与整体战略相协调，从而确保研发投入的针对性和有效性。最后，加快推动人工智能与制造业的双向赋能，深化数据开发

利用模式，推动制造业企业在研发设计、生产制造、管理服务等环节的智能化升级，拓展人工智能的应用场景，构建协同发展的生态系统，充分发挥工业大省的优势。

（二）加快“人工智能 +”赋能进程，找准应用领域着力点

山东省是全国工业门类最齐全、基础最雄厚、结构和配套最完善的省份之一，具有明显的优势。一是企业数量较多，山东省规模以上制造业企业超过 3 万家，其中多家企业上榜《财富》世界 500 强、中国制造业 500 强等；二是产业规模大，山东省进出口总额超过 3 万亿元，海洋经济总量居全国第二位，沿海港口吞吐量位居全国首位。

基于山东省工业基础雄厚、城镇化水平较高、老龄化问题突出的现状，在通用人工智能领域，建议优先发展智能制造与工业互联网、智慧城市与智慧交通、智慧医疗与健康管理等方向。通过引入通用人工智能技术，提升制造业的智能化水平，推动生产过程的自动化、最优化和实时监控；提升城市治理智能化水平，优化交通管理；优化医疗资源配置，实现个人健康管理的智能化。以“计算能力高、算法强、模式大、应用广”为引领，加快推进人工智能赋能产业，构建人工智能创新发展体系。

一是加快“人工智能 +”行动计划，通过数据驱动、算法优化、模型创新等手段，提升传统产业的智能化水平，推动新兴产业的快速发展，从而实现经济的数字化转型和高质量发展。二是推进公共算力和数据中心平台建设，助力关键核心技术攻关，加强重大科技创新工程项目，推动产业创新平台提质升级，完善基础研究、应用基础研究和产业技术协同攻关机制，强化共性基础技术供给，以应用研究带动基础研究。重点推进研发设计、生产制造、管理服务等方面的全方位智能化升级。三是加快垂直大模型的研发进程，加大“AI+ 生成设计”“AI+ 制造”场景创新力度，加快智能制造工厂、数字化工厂建设。强化人工智能互联网平台对装备制造业龙头企业的支持。鼓励企业研发包括人形机器人、工业机器人、服务机器人、特种机器人等在内的整机产品。四是强化产业赋能支撑体系建设，加大力度补链人工智能产业，培优培强骨干企业，加强产业赋能支撑体系建设，增强经济发展的新动能。

（三）加强人才团队培养和交流合作

山东人工智能的产业基础、教育资源、创新平台和人才政策等多个方面均呈现出良好态势，共同为山东人工智能人才的发展提供了有力的保障和支持，但是与其他先进省份相比，山东省在国家顶尖人才团队数量上明显不足，需要结合山东省自身发展，探索适合山东省人才现状的有效策略。一是精准引进和培养，结合山东省高校和科研

院所资源，打造人才培育“共同体”，探索实施“产、学、研、用、创”一体化人才培养模式，新增人工智能等交叉学科，充分发挥产业链人才联盟集聚作用，构建起教学科研双轮驱动的科教一体化新平台，与山东省“十大产业”紧密对接。应用数字化手段探索高层次人才管理服务新模式，青岛市作为全省率先开发人工智能产业人才地图的城市，用汇集千万级产才数据的数字化智慧引才系统为省内其他城市打造了学习样板。二要做好上层系统谋划，明确产业发展方向和人才需求，统筹推进人才培养和产业发展工作，围绕主导产业和重点园区发力。青岛市通过产业人才地图，每年为虚拟现实、人工智能、智能制造等领域的企业匹配百余名人才，为产业发展、企业服务提供了强有力的人才支撑。三是加强人才培养的国际化视野，培养具备国际一流水平的人工智能领域的教育工作者、工程师、科学家或企业家，鼓励学者、人才参加国际交流项目，拓宽国际视野，增强国际竞争实力。

第三节
量子科技产业创新与战略发展

量子科技是新一轮科技革命和产业变革的前沿领域，在推动高质量发展、引领科技革命和产业变革、提升国家安全保障能力、促进经济发展和创造就业、提高国际竞争力等方面具有重大科学意义和战略价值。世界主要国家均在量子科技领域持续发力，积极抢占前沿科技战略制高点。量子科技是山东最早布局的未来产业之一，具有代表性企业、平台和领军人才等综合优势，应继续积极布局量子科技未来赛道，壮大培育新动能，构筑面向未来的竞争优势。

一、全球量子科技产业发展趋势

全球量子科技产业正迅速发展，主要分为量子计算、量子通信和量子测量3个领域，这些技术为确保信息安全、提高计算速度和提升测量精度提供了革命性方案。鉴于量子科技的重要性和巨大的应用潜力，全球发达国家已将量子科技发展纳入提升国家科技实力和维护国家安全的核心战略，纷纷启动国家级计划。同时，随着国际形势的变化，我国在量子科技领域所需的关键材料、核心器件和高端仪器设备正面临越来越严重的禁运风险。

（一）持续加大量子通信技术政府支持力度

美国、欧盟、韩国、日本等发达国家高度重视量子通信技术，不断增加政策支持和资金投入。美国发布的《NQI 2023 年报》显示，2019—2023 财年投资累计达 37.38 亿美元。英国组建科学、创新与技术部，发布《国家量子战略》（NQS），开启未来 10 年 25 亿英镑投资和新一轮量子信息技术产业发展规划。近年来，量子保密通信技术，特别是量子密钥分发，主要聚焦于提升设备性能指标，以满足更高带宽数据传输的加密需求。量子保密通信技术的应用持续推进，重点在量子密钥分发系统的设备融合性、网络融合性方面展开研究，并推动模块化、集成化、芯片化产品的研发，提升设备在不同场景中的适应能力。目前，我国的城域量子通信网络技术已初步具备实用化条件，成功建设了国际上首条远距离光纤量子保密通信骨干网“京沪干线”，并建立了超过 10 000 千米的国家量子通信骨干网，确立了在量子通信研究和应用领域的国际领先地位。

（二）积极开展攻克量子计算技术路线研究

量子计算是量子科技领域最具潜力的研究方向，也是其最具代表性的颠覆性技术。总体而言，超导和离子阱技术路线目前处于领先地位，并且受到广泛关注。与此同时，中性原子路线也在成为通用量子计算的有力竞争者，硅基半导体和光量子路线的发展也在加速，但目前仍没有任何一种技术路线能够完全满足实用化的标准，因此各方案的融合和优化仍在继续。目前，中国、美国和欧盟都已在可扩展量子计算的物理体系上进行全面布局。我国在量子计算方面虽牢固占据国际第一方阵，但我国相较于北美市场规模仍有较大差距。2024 年，全球量子计算市场规模达到 50.73 亿美元。其中，北美占比 29.73%、欧洲占比 28.83%、中国占比 25.3%、亚太地区（除中国外）占比 12.24%、其他地区占比 3.9%。

（三）持续关注提升量子测量性能指标

美国、德国、中国、日本、英国等国家在量子精密测量技术领域的研发起步较早，技术水平处于前沿，尤其在重力场和地球物理探测方面，经过长时间的技术积累和设备更新，已处于领先地位，装备较为成熟。我国在量子精密测量的多个方面已达到国际领先或先进水平。目前量子测量的五大主要技术路线包括基于冷原子相干叠加、基于核磁共振或顺磁共振、基于无自旋交换弛豫原子自旋（SERF）、基于量子纠缠或压缩特性和基于量子增强技术。近年来，量子测量技术相关研究主要关注提升测量性能指标，进一步挑战测量精度纪录和突破经典测量极限；推进样机系统工程化，进一步开展小型化、芯片化和可移动化研发，增强系统实用性。

（四）量子科技产业链持续拓展延伸

量子科技产业链从上游到下游主要包含基础光电元器件、量子通信核心元器件、量子通信传输干线、量子系统平台及应用层 5 个环节。其中，基础光电元器件和核心设备是支撑起量子通信的技术和硬件基础：量子传输干线是实现远程量子通信及量子网络的传输渠道；量子系统平台主要负责对信息进行整合处理，并根据需求做出相关指令，是维护整个系统健康运转的软件基础；应用层则为量子科技产业化的下游，主要为军事国防、政务、金融、互联网云服务、电力等领域的应用（图 2–5）。

二、中外量子科技产业对比分析

（一）我国量子科技领军企业明显不足

美国拥有 158 家量子信息相关企业，占全球市场份额的 1/4 以上。IBM、谷歌、亚马逊、微软、英特尔和霍尼韦尔等科技巨头已成为量子计算领域的标杆。2019 年 9 月，谷歌宣布突破“量子霸权”，在 2 分 30 秒内完成了相当于超级计算机 1000 年计算量的任务；英特尔则专注于超导量子计算和硅量子点的研发，并发布了具有 49 量子比特的超导量子测试芯片。初创企业如 IonQ、Quantinuum、PsiQ、AOSense 等在量子信息技术产业中具备创新驱动优势，涵盖从基础的真空系统、光学电学器件到成熟的产品与解决方案等，其供货单位不仅包括全球的实验室和研究机构，还包括 NASA 等政府部门。中国量子信息相关企业共有 103 家，重点企业主要集中在北京、合肥、济南等地，合肥抢占量子科技发展先机，大力培育发展量子产业，已集聚超过 60 家量子产业链企业，占全国总量的 1/3，包括国盾量子、本源量子、国仪量子等企业，初步树立起量子科技特色产业品牌。目前，我国尚未形成国际领先的龙头企业，初创企业创新成果等方面还有一定差距。

（二）我国量子科技创新水平有待提升

量子信息各领域的科研论文数量排前 5 位的国家分别为美国、中国、德国、英国和日本，其中中国和美国占据前两位，在科研输出方面表现突出，远超其他国家。比如，在量子计算专利领域，美国的发文量约为 6000 件，平均每篇被引用约 4500 次；我国的发文量为 4700 件，平均每篇被引用约 2100 次。从论文的被引频次来看，我国

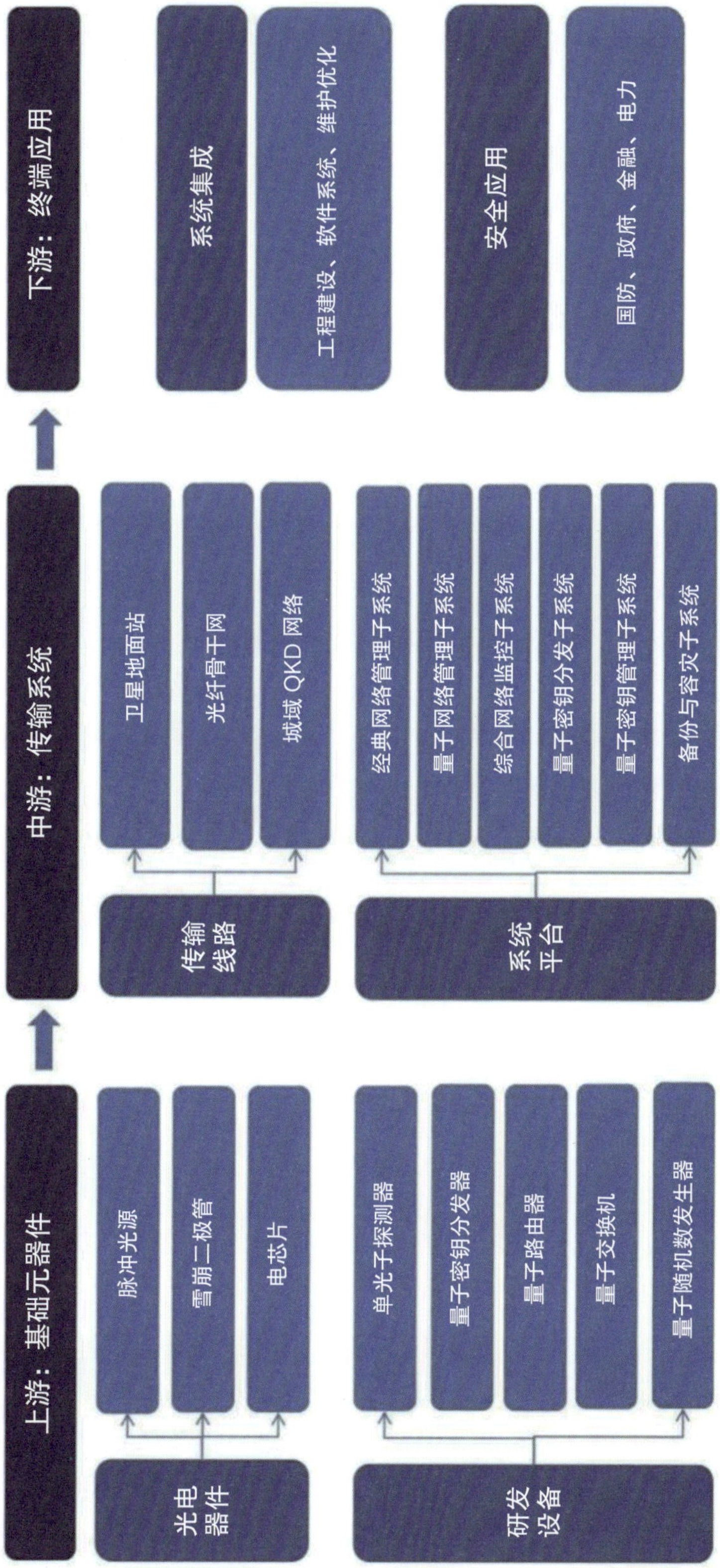

图 2-5　量子科技产业链图谱

与欧美国家之间仍存在一定差距，高水平论文的数量亟须进一步提升。我国量子计算的专利申请主体中，公司申请数量占比超过70%，企业开展专利布局推动力较强，量子测量领域专利主要来自高校和科研院所，科技成果还需进一步向产业转化。对比来看，美国量子信息各领域专利中，企业申请数量占比均超过70%，量子计算的占比接近90%，显示出产业界的创新引领实力。当前，量子计算领域的国际科研合作较为广泛和均衡，量子通信领域形成了美国、中国等重点合作节点，量子测量领域国际合作相对较少。在量子信息科研国际合作方面，美国在三大领域中均处于中心位置，显示出在国际学术交流与科研合作方面的领先优势。

（三）我国量子科技创新人才资源短缺

当前我国量子信息科学人才紧缺，量子计算人才更是凤毛麟角，国内专业量子计算人才仅千人左右，而美国仅IBM实验室的量子计算专业人才数量就超过2000人。在人才引进方面，美国自2022年开始，相继发布了《量子信息科学与技术规划》《国家量子信息科学战略概述》《国家量子信息科技人才发展战略计划》《2024年美国国家科学基金会人工智能教育法案》等法律法规，持续关注面向未来的量子信息人才吸引与培养。数据显示，在美国量子信息领域的高校毕业生中，外国人才占比达到50%。相比之下，我国量子信息人才政策的出台较为有限，目前只有安徽、北京、广东、江苏4个地区制定了省级人才政策，其他大多数地区在这一领域几乎没有相关政策。此外，现有的政策还缺乏具体实施细则，且各省的量子人才政策出台时间较短，尚未完全落地。目前，我国量子信息领域的核心研发人员主要是海外归国人员和国内顶尖科研院所的高学历人才。

三、山东量子科技产业创新现状

山东是国内最早布局量子科技与产业的省份之一，取得了多个“国家首个”成果，并汇聚了济南量子技术研究院、山东国盾、山东国耀等30多家企事业单位。预计到“十四五”末，山东量子科技产业将突破千亿级规模。在量子通信的产业化和商业化方面，山东已走在全国前列，甚至在国际上也处于领先地位。总结山东在量子科技领域的发展经验，对推动新质生产力具有重要意义。

（一）政府高度重视，勇于开创新局

一是成功落地了首个国家实验室基地。自 2010 年起，山东省政府引进中国科学技术大学量子通信产业化团队，在济南建立了山东量子科学技术研究院。2011 年，济南量子技术研究院正式成立，并随后组建了量子科技产业发展专班，使济南量子产业从无到有、从小到大，茁壮发展。二是搭建首个全国标准化技术委员会“国字号”平台。2019 年，全国量子计算与测量标准化技术委员会落户济南，济南量子技术研究院承担了秘书处工作。山东依托济南量子技术研究院牵头制定的我国首个量子信息技术领域国家标准——《量子计算　术语和定义》（该标准为量子计算领域相关科研报告编写、标准制定、技术文件编制等工作提供规范指导），为我国量子信息技术领域科技、产业、标准化协同发展奠定了坚实基础。三是出台国家首个精准扶持政策。济南市人民政府出台国家首个量子信息产业精准扶持政策——《济南市人民政府关于加快建设量子信息大科学中心的若干政策措施》，针对量子企业面临的应用示范案例不足、市场认可度不高、支持科创企业的机制有待完善、资金投入大等问题，完善人才、资金、市场、平台和载体等配套机制，以问题为导向精准扶持。

（二）创优人才环境，加快人才集聚

一是引进顶尖人才 / 团队。山东依托济南量子技术研究院引进一批国家高层次人才，与中国科技大学、中国科学院等机构保持长期战略合作。在超导量子计算方面和光量子计算方面，山东引进了国际领先的“祖冲之号”研发团队和“九章”研发团队。同时，山东大力下放职称评审权限，加强博士后青年人才培养，实施“企业博士（后）集聚计划”，对符合要求的高校博士和博士后，最高补贴 30 万元。2023 年，共引进量子科技创新型人才 36 名，其中硕博人才 28 名。二是创新培养机制。济南量子技术研究院、山东量子科学技术研究院有限公司与山东大学、潍坊学院等高校协作，联合培养本地的量子科技人才，给予足够的人才配套支撑和条件。将人才队伍建设与研发任务、基地建设相结合，以重点专项和重大工程为依托，实施“人才 + 项目 + 基地 + 高校”一体化培养，建立全链条人才培育机制。加快建设和发展职业培训机构，大力培养专业技术人才，完善量子产业人才体系。目前，打造了两院院士掌舵、国家级人才领衔、优秀硕博青年集聚的 800 余人量子高层次科研和产业人才团队。其中，1 名自主培养人才入选“国家高层次人才特殊支持计划青年项目”。三是完善服务体系。济南量子技术研究院打造了“1+3”的助研服务体系，即以“科研为中心”，致力于“流程省时、执行省力、服务省心”，赋予人才更多自主权，为科技人才“松绑减负”。特别是在设备采购方面，

加强制度体系设计，优化采购环节，引入专职科研助理，实现了全流程代办的省心服务。目前，科研助理为科研人员采购设备的数量年均超过 200 批。

（三）系统全面布局，构筑发展优势

一是开展技术攻关。山东鼓励科研人员加强基础研究、坚持自主创新，依托济南量子技术研究院坚持开展关键核心技术攻关，在国际上首创并发展了“测量器件无关量子密钥分发”系列理论，成功实现了 404 公里的安全无中继量子密钥分发，创下了世界纪录。同时，山东自主研发的双光梳精密频率测量系统，填补了我国高精度光学频率测量领域的空白。二是搭建产业链条。在量子通信领域上游环节，济南布局济南量子技术研究院、山东量子科学技术研究院有限公司等开展光子探测器、高速量子通信光源等核心技术研究；中游环节，依托济南量子技术研究院、山东国科量子通信网络有限公司等进行量子密钥分发、量子网络运营等研究；下游环节，济南量子技术研究院开展保密通信、量子政务网等服务（代表性企业见表 2–3）。山东逐步形成了“基础研究 + 技术研发 + 标准研制 + 产业发展”的量子信息全产业链条。三是加强战略规划。近年来，山东省和济南市把量子科技作为面向未来的战略布局对待，相继发布《山东省量子技术创新发展规划（2018—2025 年）》《济南量子信息科学中心建设发展规划 2019—2025》《济南量子信息产业发展规划（2019—2022 年）》3 项规划性文件，力争到 2035 年济南实现量子通信和量子测量领域大规模商用，量子信息产业达到千亿级规模。未来，济南市高新区将发挥量子研究与产业起步早、发展快、成果多等优势，建设国家级“量子 +”标准应用示范基地，创建享誉国际的“济南量子”品牌（地区分布见图 2–6）。

表 2–3　山东量子科技产业代表性企业

序号	企业名称	城市
1	山东量子科学技术研究院有限公司	济南
2	山东极量信息科技发展有限公司	济南
3	山东国迅量子芯科技有限公司	济南
4	山东国科量子通信网络有限公司	济南
5	山东国耀量子雷达科技有限公司	济南
6	九章（济南）量子科技有限公司	济南

尽管山东在量子科技领域拥有丰富的创新资源和企业布局，但在顶尖人才引进、技术创新策源、场景应用、产业化方面还存在欠缺之处，产业分布主要集中在济南市，对于周边地区的辐射带动作用还未显现，其他各市进场门槛较高，难以形成布局。此外，量子科技产业还未形成规模，市场需求还未挖掘充分，应用场景比较受限，随着技术的不断突破，产业发展的利益相关者还需逐步拓展。

四、山东量子科技产业战略发展路径

从多元化人才培养与国际合作、明确三大领域科技攻关方向、促进量子企业主体引优培强三方面提出量子科技产业战略发展路径，强化战略科技力量布局，发挥企业创新主体作用，助力山东国际化量子科技产业高地建设。

（一）明确三大领域科技攻关方向

针对量子通信领域，山东应积极开展量子密钥分发性能、安全性评测平台建设，进行安全性研究，开展采用 PQC（后量子密码）对 QKD（量子密钥分发）进行认证及双重加密的可行性研究，以及结合 PQC 的 QKD 系统的测试规范和评测体系研究。在量子器件和材料方面，开展频率转换核心器件研制工作，支持相应频率转换，突破大英寸光学级铌酸锂晶体生长技术。在标准化方面，将重点围绕量子通信、量子计算和量子测量领域制定国家标准，争取创建量子信息国家技术标准创新基地。在量子计算领域，特别是在超导量子计算方面，加快推进超导量子器件的研发工作。在光量子计算方面，锚定实现通用量子计算机这一长远目标，面向企业用户开展相关研发，逐步实现光量子计算机重要组件的产品化，开发具有实用价值的光量子计算机。在量子测量方面，全面推进光量子雷达和太赫兹、毫米波等量子精密测量产业发展。在光量子雷达领域，着力开展其在山东省环保治霾、气象监测防火应急、无人机监测等领域应用完善。积极探索我省在太赫兹、毫米波等领域与“国字头”科研院所实现深度战略合作，共同打造示范样板，加快推动相关技术的产业化进程，赋能山东打造量子产业聚集高地。

（二）强化多元化人才培养与国际合作

政府应积极出台量子人才引进、培养政策，鼓励教育界和企业界积极参与到量子

山 东 省

山东省标准地图

山东量子科学技术研究院有限公司
山东极量信息科技发展有限公司
山东国迅量子芯科技有限公司
山东国科量子通信网络有限公司
山东国耀量子雷达科技有限公司
九章（济南）量子科技有限公司

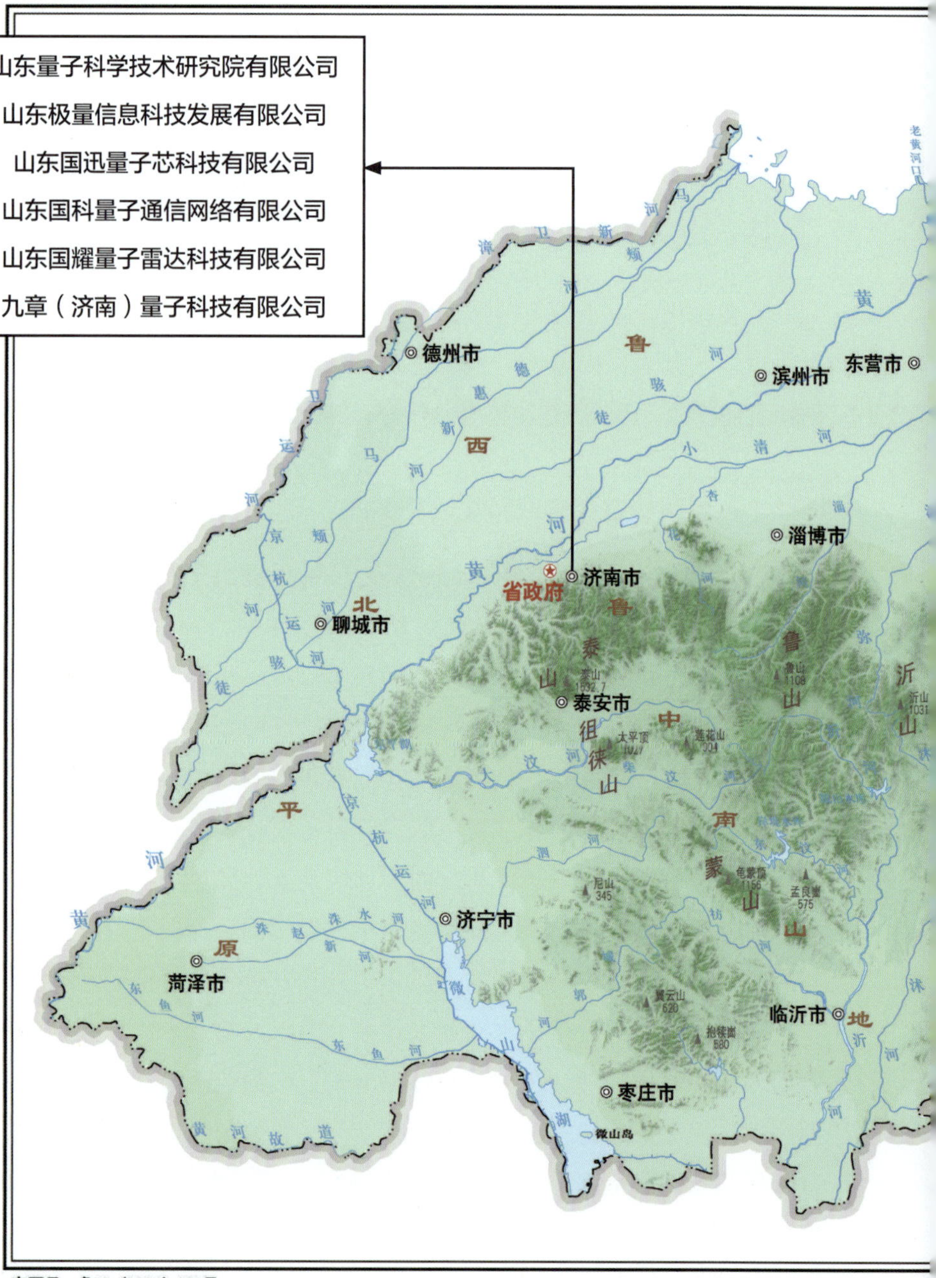

审图号：鲁SG（2024）035号

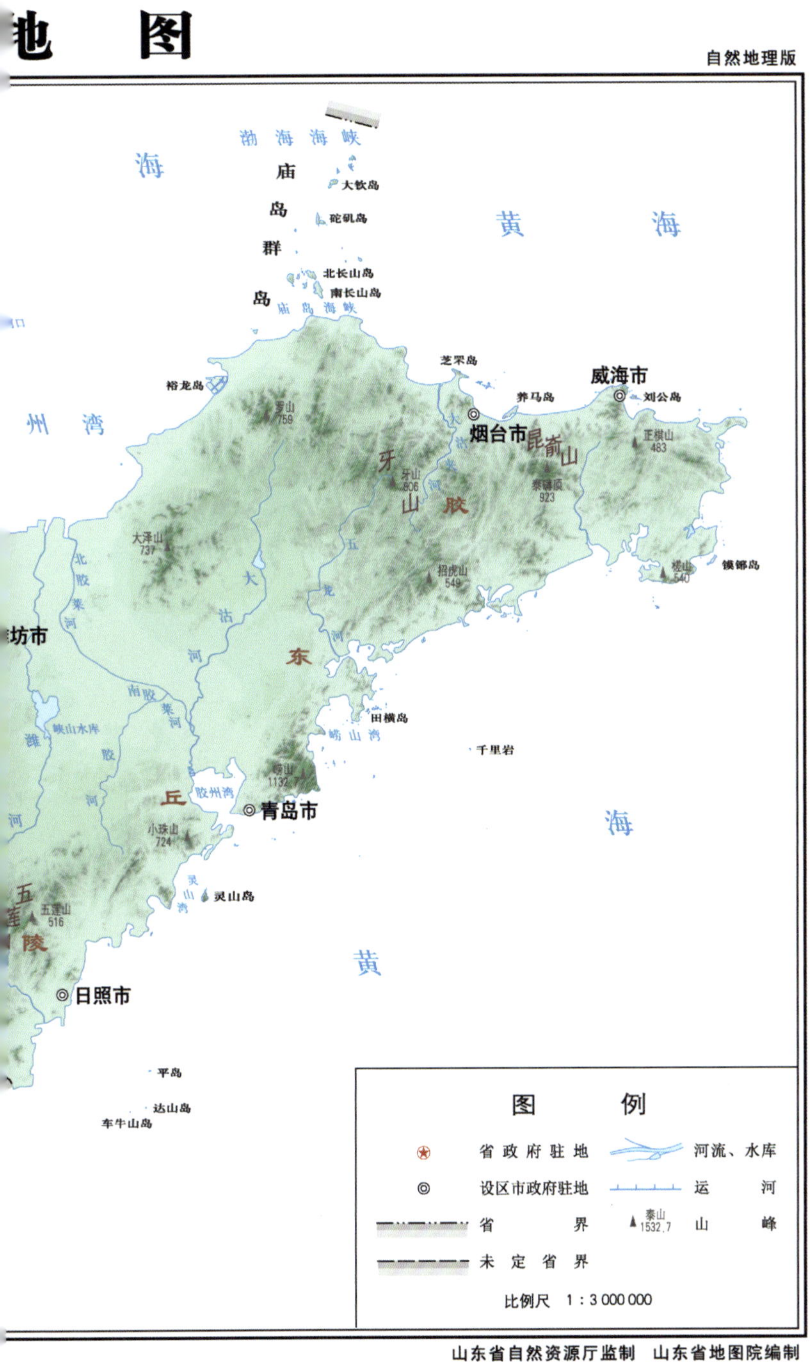

图 2-6　山东量子科技产业地区分布

人才培养的进程中来。比如，IBM公司于2020年7月推出量子计算机线上夏令营，并在全球范围内吸引学生报名，且设立长期量子博士后项目，推行“机构－项目－人才”一体化培养模式。谷歌、摩根大通等公司推出了在线量子教育课程，直接参与量子高等教育课程的设计，并提供实习机会。山东需定期监测评估量子教育效果及人才需求，每两年对量子科技领域劳动力需求、趋势和教育能力进行全面、系统的监测和研究，以便及时掌握人才供需动态。美国在2020年发布的《国家量子信息科学战略》和2022年发布的《国家量子信息科技人才发展战略计划》中提到，政府和学界将从短期和长期角度评估量子信息科技生态系统的劳动力需求，并持续跟踪相关数据，以合理规划量子信息科技人才的发展。此外，政府要高度重视加强量子科技的国际合作，向发达国家派遣青年研究人员，直接参与海外研发项目，通过取长补短、强强联合等方式在标准制定、数据共享、供应链、出口管制和技术方法等领域全面开展政府层面战略合作。同时，高等教育机构与企业在科研开发和人才培养等方面也应开展跨国合作。

（三）促进量子企业主体引优培强

强化量子科技产业发展中的企业主体地位，支持一批开展前沿技术创新、参与国际竞争的企业做大做强，引进一批量子科技新生力量落户山东，持续带动产业链上下游配套企业和集成服务企业发展壮大。山东加强精准招商，围绕量子通信、量子计算、量子测量等领域，以终端设备制造商、量子通信网络建设及运营服务商、系统集成商等为主要方向，引进培育量子科技领域的国内外知名企业、领军企业和链主企业，在山东建设功能总部、研发中心、量子计算中心等，加快布局特色工艺线、中试线、量产线，带动产业链上下游企业集聚，打造量子产业集群。支持央国企布局量子计算等前沿领域，促进前沿技术商业化落地。促进配套企业集聚发展，支持本地量子科技企业发展壮大，孵化培育一批量子科技高新技术企业、专精特新企业、单项冠军企业和独角兽企业，以股权投资、资源共享等模式带动量子创业团队和中小企业深度融入量子产业链和生态圈。同时，形成服务企业集聚高地，推动量子软件与硬件适配发展，引育量子开源架构、量子算法、量子程序编译器、量子开源模拟器、量子操作系统等量子基础软件和工具开发企业，夯实量子科技生态基础。支持探索量子平台即服务、软件即服务新模式，大力支持量子云计算服务商发展，加快培育适用于金融、新材料、生物技术等特定行业领域的专用应用软件及算法开发企业。

第四节
细胞与基因治疗产业创新与战略发展

细胞与基因治疗是指利用来自患者或供体的活细胞代替受损患病的细胞或刺激身体免疫反应或再生的治疗方法。近年来，以干细胞、免疫细胞、类器官为代表的细胞与基因治疗领域的发展，为糖尿病、免疫性疾病、肿瘤等多种疾病治疗提供了新思路、新手段，并受到全球医疗市场的关注，在发展研究、疾病模拟、药物发现、精准医疗、再生医学等诸多领域具有重要意义。细胞与基因治疗是目前最为活跃的研究领域之一。

一、全球细胞与基因治疗产业发展趋势

作为近年来国际公认的第四种肿瘤治疗方式、生物医药领域的潜力赛道之一，细胞基因治疗已成为现代医疗的主要趋势，而国际药企巨头将其确定为多国大力支持的新兴科技领域“押宝未来”的重点。

（一）产业规模不断扩大，北美仍占据最大市场

Grand View Research 发布的《2023—2030 年细胞治疗市场规模、份额及趋势分析报告》显示，2023 年全球细胞治疗市场规模为 47.7 亿美元，预计 2023—2030 年，复合年增长率（CAGR）将达到 16.5%。这一市场将持续保持高增长，预计到 2025 年，市场规模将达到 178.85 亿元。分地区来看，美国是第一个推出基因治疗产品的国家，

其国内拥有较大的消费市场和较高的科研水平，以及更新换代较快的产品。2022 年，北美占据最大的细胞治疗市场份额，达到 65.15%。

（二）CAR-T 药物疗法成为主流

从产品上市情况看，CAR-T 疗法药物成为获批上市的 CGT 药物中的主流。截至 2022 年 6 月，美国食品药品监督管理局（FDA）批准上市的 9 种 CGT 药物中有 6 种是 CAR-T 疗法药物，欧洲药品管理局（EMA）批准上市的 12 种 CGT 药物中有 5 种是 CAR-T 疗法药物。CAR-T 疗法药物在上市阶段的大获成功，也进一步激发了新药公司开发 CAR-T 管道的积极性。其他疗法如病毒载体治疗、干细胞治疗等产品的上市数量未来也有望进一步增长。

（三）国内外均已形成较完整的产业链条

在国内，上游细胞存储领域是目前发展最成熟且市场竞争最激烈的领域，CRO/CDMO 领域也进入快速发展期，设备耗材和试剂领域发展不足，但市场潜力较大；中游制药领域已聚集恒瑞、中源协和、西比曼、丽珠制药等一大批优质医药企业，部分已上市；下游临床应用领域随着未来技术成功转化和新药成功获批，也将迎来快速发展和扩增时期，基因治疗行业的国内外产业链已经渐趋成型。总体来看，基因治疗产业链上中下游联系十分紧密，呈现相互促进、共荣共兴态势（图 2-7）。但与国外相比，国内基因治疗产业链上游环节整体实力相对较弱，在培养基、一次性生物反应器等仍被国外企业垄断的核心材料和关键装备领域，尽管在技术领域取得了一定的创新突破，但仍面临较为严重的“卡脖子”问题。

二、中外细胞与基因治疗产业对比分析

截至 2024 年，我国有 6 款 CAR-T 产品上市，首款干细胞药物于 2025 年 1 月正式上市。与欧美等科技发达国家和地区相比，我国干细胞、免疫细胞研究在原始创新能力、关键核心技术攻关、产业化成熟度方面仍存在较大差距。

（一）欧美国家在重大技术突破上有相对优势

在重大技术突破方面，欧美等发达国家和地区在非工程免疫疗法与工程免疫疗法、

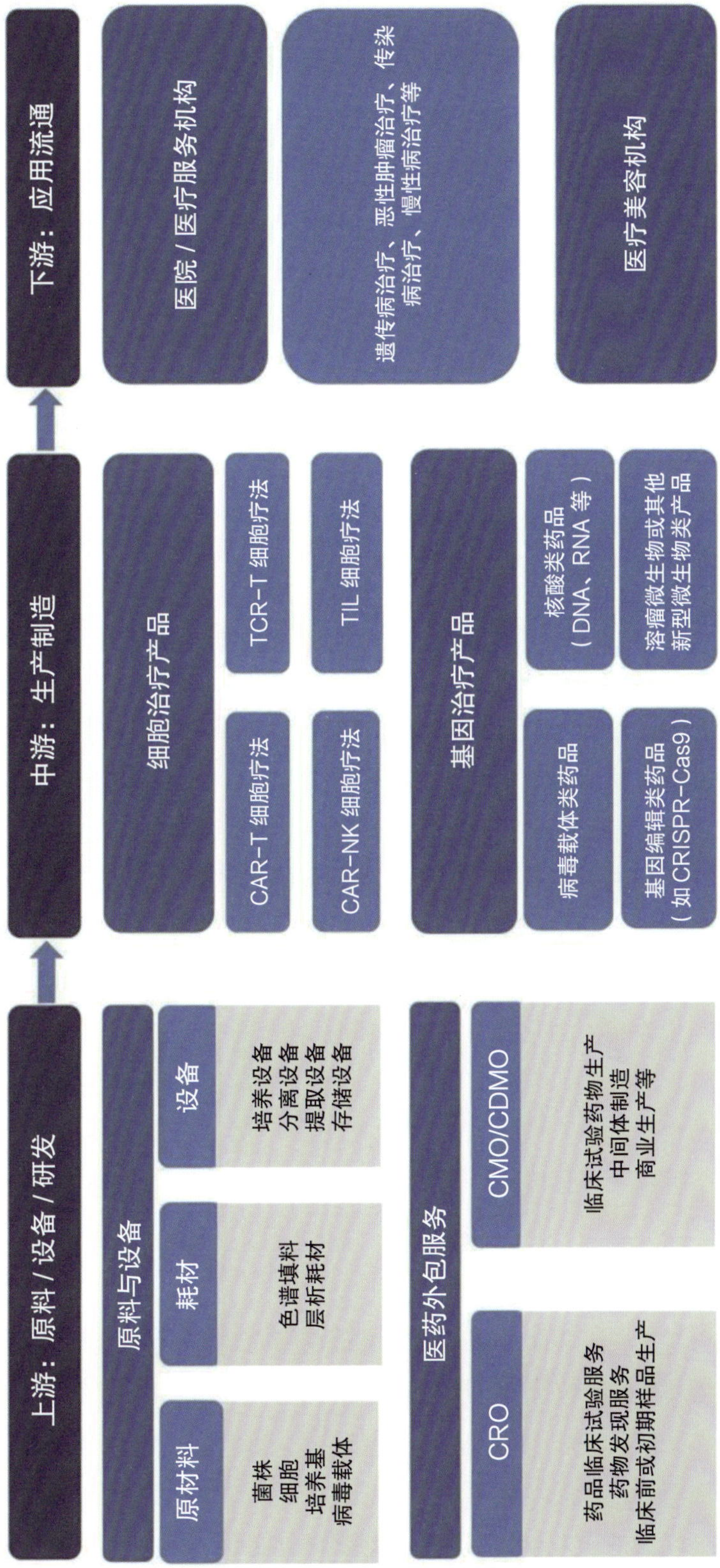

图 2-7　细胞与基因治疗产业链图谱

干细胞发育调控、干细胞制备技术、干细胞临床应用、细胞与基因治疗等方面的技术起步较早，具有相对优势。其中一款 CAR–T 疗法成为第一款获批靶向 CD19 以外靶点的 CAR–T 细胞疗法。在实体瘤治疗方面，多种细胞免疫治疗的临床试验数量显著增加，从 2020 年的 66 项增加到 2022 年的 140 项，增长幅度超过 110%。以中国科学院、清华大学、复旦大学、北京大学等为代表的科研院所，在细胞与基因治疗相关技术的产品研究和临床领域取得了重大突破，取得了国际领先甚至突破性的成果。技术突破主要集中在 CRISPR 基因编辑技术、CAR–T 细胞疗法、基因治疗临床试验、干细胞临床研究、类器官临床前研发平台、类器官大数据生物样本库、类器官原材料及标准化建设、医学研发应用等方面，目前已完成多项核心技术攻关，部分成果已通过高校 – 企业产学研平台，在医药领域进行产业价值转化与展现。

（二）我国和欧美国家代表性创新成果均比较丰富

国外有许多具有代表性的创新主体，它们通过不断的研究和开发，推动了细胞治疗技术的进步。全球知名制药企业诺华的 Zolgensma 是全球首个基因治疗药物，用于治疗脊髓肌萎缩症（SMA），是全球细胞治疗领域取得的一项重要成果。此外，诺华用于治疗某些类型的血液癌症的 Kymriah，成为首批获得 FDA 批准的 CAR–T 疗法之一。KitePharma 是细胞治疗领域的先驱之一，Tecartus（KT–X19）为治疗复发 / 难治性套细胞淋巴瘤（MCL）成人患者获得了美国 FDA 的加速批准。我国在细胞治疗领域拥有一批代表性的创新主体，清华大学医学院设有干细胞研究中心，致力于干细胞相关的基础和应用研究。北京大学拥有一批在细胞生物学领域有着深入研究的学者，如邓宏魁教授等人，研究成果在国际上有较高的影响力。国内细胞治疗行业的先行者之一——复星凯特的 CAR–T 细胞治疗产品获批上市，标志着国内细胞治疗向商业化迈进的序幕已经拉开。由传奇生物自主研发的 CAR–T 产品——西达基奥仑赛，成为国产 CAR–T 产品首个成功“出海”美国的案例。

（三）全球市场规模潜力巨大，中国仍处萌芽期

从市场规模和发展前景来看，纵览整个医药领域，CGT 整体仍处于早期和中期阶段，全球市场规模呈现高速增长态势；从国外数据来看，细胞和基因治疗行业融资总额（含私募、IPO 和增发）自 2018 年以来累计达 571 亿美元，年均增长率高达 40%，远高于生物医药板块同期平均涨幅。全球肿瘤免疫治疗的管线中有 2756 种细胞治疗药物，全球细胞治疗的研发管线正在不断增加，该领域的研究活动非常活跃。公开资料显示，

2024 年，全球共 7 款细胞和基因疗法首次获批上市，其中 2 款为干细胞疗法。据美国 FDA 预测，2025 年起，FDA 每年将批准 10~20 种细胞和基因疗法，全球细胞治疗产业市场规模或达 2000 亿美元，这体现了未来细胞治疗发展的信心和资本市场的期待。起步落后的中国 CGT，目前正处于萌芽状态。根据 Frost Sullivan 的统计，中国细胞治疗市场规模将从 2021 年的 33 亿元人民币增长到 2030 年的 584 亿元人民币，CAGR 高达 53%。其中，CAR-T 细胞疗法的市场规模将从 2021 年的 23 亿元人民币增长到 2030 年的 287 亿元人民币。中国细胞治疗市场不仅目前规模在迅速扩大，未来的增长潜力也巨大，整体来看，细胞与基因治疗产业未来在国内的潜在市场容量为 1500 亿 ~2000 亿元。

三、山东细胞与基因治疗产业创新现状

山东省是人口、经济和文化大省，干细胞资源丰富，大型综合性三甲医疗机构众多，高校、科研机构与企业已经建立了良好的产学研模式，发展细胞与基因治疗具有得天独厚的优势。

（一）干细胞资源丰富，建立了良好的产学研模式

山东省干细胞资源丰富，建立了良好的高校、科研机构、企业产学研模式，干细胞研发成果良好。在多能干细胞的建立与干性维持、组织干细胞获取与功能调控、干细胞定向分化与转分化、干细胞移植后的体内功能建立与调控、基于干细胞的组织器官功能重建、干细胞资源库建设、动物模型在干细胞临床前评估中的应用、干细胞临床研究等技术领域，已取得一系列重要成果。目前，全省有 7 家医疗机构通过干细胞临床研究备案，备案的干细胞临床研究项目达 5 个。山东省高校、医药相关事业单位及企业也陆续布局并完善了类器官的临床前研发平台，分别在类器官大数据生物样本库、转化医学研究、类器官上游标准化原料试剂、新药研发及下游精准医学平台取得重要突破。

（二）企业市场主体数量多，产业化发展前景广阔

在细胞与基因治疗领域，山东省拥有山东第一医科大学（山东省医学科学院）、山东大学、青岛大学、山东中医药大学等一批基础科研支撑高校和团队；拥有山东省

医学科学院药物研究所、山东省食品药品检验所、山东省药物研究所、山东省实验动物中心等一批科研中坚力量；拥有山东省齐鲁干细胞、银丰生物、奥克生物、科金生物、医科元多能干细胞生物、新创生物、磐升生物、赛尔生物、艾克韦生物、莱博生物、万泉生物等领军骨干企业100余家，齐鲁制药、伯桢生物等领军骨干企业也介入类器官领域，引领国内该领域产业化发展（代表性企业见表2–4）。

表2–4　山东细胞与基因治疗产业代表性企业

序号	企业名称	城市
1	银丰生物工程集团有限公司	济南
2	山东省齐鲁干细胞工程有限公司	济南
3	山东莱博生物科技有限公司	济南
4	山东丽山生物科技有限公司	济南
5	济南磐升生物技术有限公司	济南
6	正大制药（青岛）有限公司	青岛
7	青岛华赛伯曼医学细胞生物有限公司	青岛
8	山东翰康医学科技集团有限公司	临沂
9	山东天川精准医疗科技有限公司	德州
10	山东卡森细胞治疗工程技术有限公司	德州
11	华润昂德生物药业有限公司	聊城
12	聊城高新生物技术有限公司	聊城

（三）聚焦五大产业环节，技术创新成果丰富

山东省统筹规划细胞种子库标准化建设与应用、细胞制剂制备与规模化生产、疾病模式动物建立与规模化生产、细胞制剂安全性有效性评价与放行检测、细胞与基因治疗领域细胞制剂双备案及临床应用五大产业环节。山东省齐鲁干细胞公司、银丰生物集团建立了完备的脐带血制剂制备、检测应用体系，济南磐升生物技术有限公司从事“再生医学”技术领域研究和科技成果转化。山东省细胞与基因治疗产业地区分布见图2–8。

山东细胞与基因治疗产业基础良好、前景广阔，但目前仍存在技术研发落后、源头创新不足、发展不平衡等问题。一是关键技术研究落后于全国水平。山东细胞制剂

关键技术及标准导向的研究匮乏，尤其是针对多功能诱导干细胞的基础研究落后于全国水平，缺乏能满足细胞制剂大规模、全自动、均一化生产的关键技术。同时，细胞产品质量评价、质量控制缺少统一的标准，细胞质量参差不齐，临床风险可控性不强，缺乏具备国家资质的临床级细胞临床转化资源库，临床试验方案成熟度低。二是源头重大创新不足，产业支撑引领不强。对于前沿产品研究，如临床级细胞制剂等方向重视不足，重复建设情况突出，技术产品较为单一。与其他省市相比，山东省从事干细胞行业的企业数量众多，缺乏品牌企业，与行业内影响力较大的明星企业（如中源协和、博雅干细胞、汉氏联合等）相比缺乏竞争力。三是发展不平衡，缺乏行业标准，干细胞转化体系不健全。虽然我国干细胞研究及转化之路已经铺就，但是山东省仅有5个项目通过项目备案。与北京、上海、广东等地干细胞研究的第一方阵相比，缺少省内统一的规范化GMP标准制备平台。目前省内各家干细胞制备企业均使用内部流程、操作规范和标准，干细胞制剂质量缺乏可比性，成为制约全省干细胞临床研究的因素。

四、山东细胞与基因治疗产业战略发展路径

基于此，山东需要从底层技术突破、产业链建设、监管创新、要素保障等方面入手，加快构建细胞与基因治疗产业创新高地，更好地支撑细胞与基因治疗产业发展。

（一）加强创新策源能力

围绕细胞疗法、基因工程等基础前沿和学科交叉领域研究，加快建设一批细胞与基因治疗重点实验室、工程（技术）中心和制造业创新中心。加强高通量靶点筛选、体外基因修饰系统、新型载体递送技术、高质量源头细胞制备、细胞产品溯源等关键技术攻关，推动人工智能、单细胞技术等前沿技术应用。开展自动化封闭式细胞处理设备、过程分析技术系统等仪器装备及功能鉴定试剂、细胞培养基、病毒纯化层析填料等试剂和耗材研发攻关与应用，实现细胞治疗生产核心装备与材料自主可控。

（二）明确发展重点

基于山东特点，进一步明确发展重点，细胞与基因产业可优先发展三类方向，建立细胞与基因治疗临床级种子库，开展优选hUC-MSCs生产工艺的规范化研究，建立符合GLP规范的干细胞临床前安全性有效性评价、放行检测平台，同时进行前瞻布局，

山 东
山东省标准地图
银丰生物工程集团有限公司
山东省齐鲁干细胞工程有限公司
山东莱博生物科技有限公司
山东丽山生物科技有限公司
济南磐升生物技术有限公司
山东天川精准医疗科技有限公司
山东卡森细胞治疗工程技术有限公司
华润昂德生物药业有限公司
聊城高新生物技术有限公司
山东翰康医学科技集团有限公司
德州市
滨州市
东营市
淄博市
济南市
省政府
聊城市
泰安市
济宁市
菏泽市
临沂市
枣庄市
微山岛
审图号：鲁SG（2024）035号

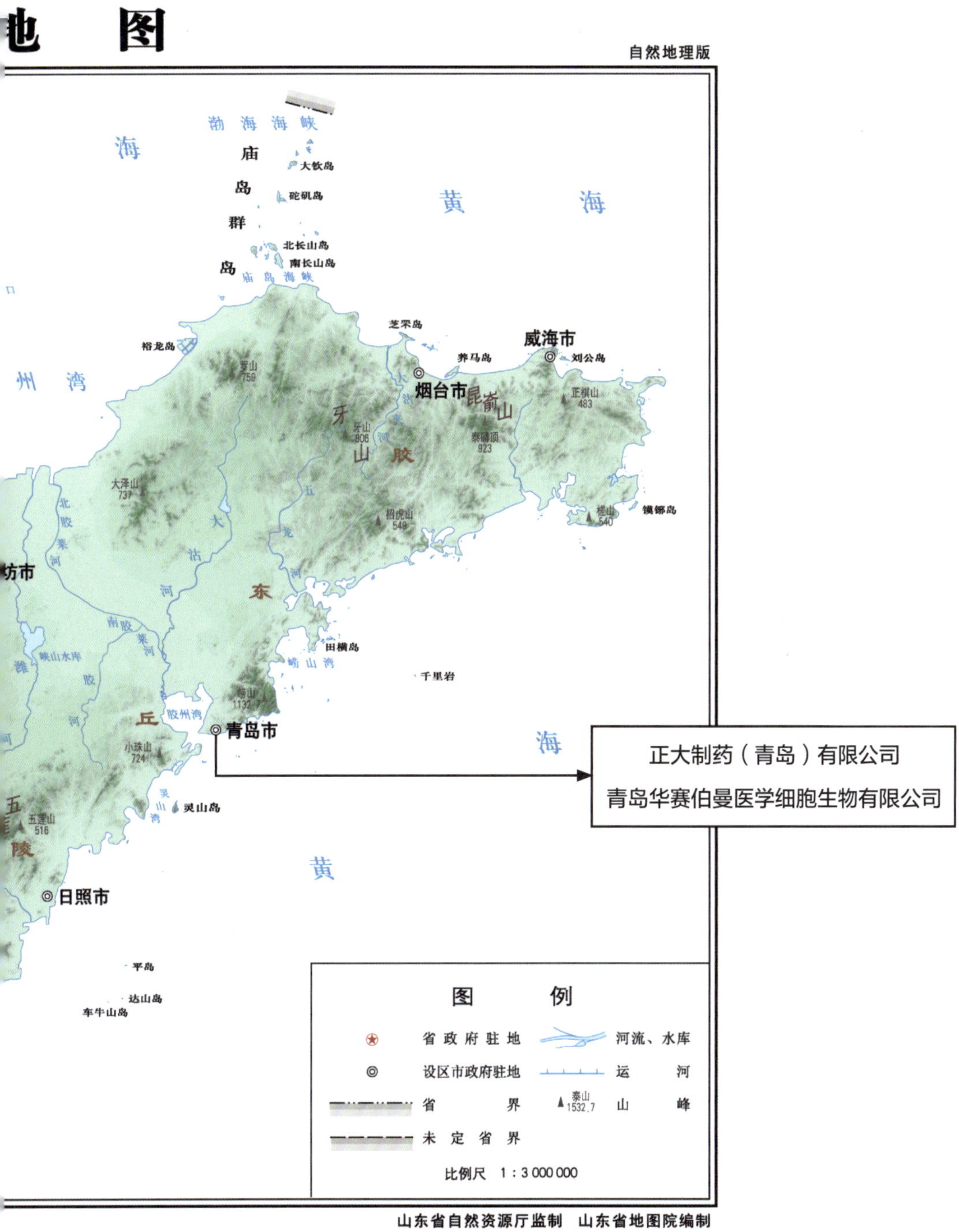

图 2-8　山东细胞与基因治疗产业地区分布

加强临床级 iPSC 制剂的标准化制备及临床应用，推进细胞制剂的临床转化与药物申报，促进类器官多学科融合研究。关键设备和材料实现国产化，如载体、培训系统、检测设备、生产设备等。大力培育和扶持细胞治疗领域高新技术企业，积极吸引国内外细胞治疗产业链龙头企业、优质企业和研发机构来鲁发展，鼓励有创新能力的企业将“拳头产品”做大做强。

（三）建立科学监管体系

推动细胞与基因治疗产品的生产许可、上市前 GMP 符合性和上市审批等支持和服务，加快创新产品上市进程。明确基因编辑、新型载体递送等前沿技术的应用标准和规范，开展临床试验优化设计、临床结局评价等新技术、新方法、新标准的监管科学研究，围绕细胞和基因治疗产品的技术评价和标准体系监管需求，提高临床转化研究的规范性和科学性。推进研发用物品进口试点工作，建立专用物品进出境细胞治疗联合监管机制，优化专用物品进出境高风险治疗管理程序。

（四）全面保障产业发展

加快产品推广应用，积极推荐已上市的细胞治疗创新产品进入国家医保药品目录和惠民型商业医疗保险，鼓励细胞治疗相关研究机构、医疗机构和企业投保人体临床试验相关责任险产品，鼓励医院在符合《国家医保药品目录》规定的条件下，优先使用本省研发生产的细胞治疗产品；发挥政府投资基金的引导作用，加大对初创期和成长期细胞治疗企业的支持力度，鼓励金融机构推出更多金融服务产品，提高细胞与基因治疗企业的信贷投入；落实好各级各类人才政策，加大引进领域内拔尖人才、高层次人才和创业型人才的力度，加大力度引进产品、技术等方面的前沿创业人才；建设细胞治疗教育实训基地，建设培养复合型专业人才的细胞治疗临床人才培训基地。

第五节 生物育种产业创新与战略发展

生物育种利用转基因、基因编辑、全基因组选择和合成生物学等先进技术来培育新的生物品种，是推动现代种业发展和确保粮食安全的重要手段。与传统育种方法相比，生物育种能够克服育种周期长、效率低、精准度差等问题，加强生物育种技术的研发和产业化对于山东省建设农业科技强省具有重要意义。

一、全球生物育种产业发展趋势

（一）生物育种技术的发展得到各国高度重视

美国将基因组学和精准育种作为美国农业未来十年的突破方向。日本重点发展数据驱动型的智能育种技术，提出构建基于育种大数据和人工智能联动的数据驱动型智能育种模式。欧盟十分重视基因组学和遗传资源在动植物生产中的应用。英国将基因组学的研究与利用作为农业与粮食安全研发创新的优先领域之一。俄罗斯重点加强生物技术的发展和利用，尤其是利用基因编辑技术开发新品种。澳大利亚关注基因组学和代谢工程 / 合成生物学的研究。我国高度重视生物育种技术的发展，在“十四五”规划中将生物育种列入八大前沿领域。

（二）发达国家抢先布局生物育种产业赛道

生物育种技术在全球范围内得到广泛应用，包括糯玉米、高油酸大豆、抗褐变马铃薯、高 GABA 番茄、抗褐变蘑菇、抗除草剂水稻和抗除草剂玉米等基因编辑产品，已在美国、日本等国家上市推广。随着全球种业第三次大规模兼并重组，以拜耳、柯迪华、先正达、巴斯夫为代表的跨国种企已全面布局涵盖功能性状基因挖掘、基因表达调控、转基因品种创制、检测与鉴定的完整技术链，掌握了全球农作物 81% 以上的转化体。根据 Kynetec 统计数据，全球生物育种市场规模从 2015 年的 210 亿美元增长至 2020 年的 224 亿美元，年均复合增长率为 1.3%。2020 年，生物育种在全球种业市场中的份额约为 48.5%，其中玉米和大豆占据了超过 80% 的市场份额。预计到 2025 年，生物育种市场的规模将达到 264 亿美元，年均复合增长率为 3.3%（图 2–9）。

二、中外生物育种产业对比分析

总体而言，我国生物育种产业基础较为薄弱，尤其在基因编辑、合成生物学、全基因组选择、分子设计和人工智能育种等新兴交叉领域的技术研发方面存在明显短板。我国在原始创新能力方面较为欠缺，缺少具有重大突破性的理论和方法，关键技术及战略性产品的研发水平较低，国际竞争力相对较弱。

（一）转基因育种产业化进程缓慢

转基因技术的产业化始于 1996 年，经过 20 多年的发展，相关产业已逐渐成熟。全球已有超过 70 个国家和地区应用转基因作物，转基因作物的推广面积持续扩大。转基因棉花推广面积占总面积的 80.4%，大豆占 73.7%，玉米占 32.9%，油菜占 23.8%。美国是转基因种植面积最大、从中获得经济收益最多的国家，2023 年，转基因种植面积达到 7440 万公顷，占全球（2.063 亿公顷）的 36.1%。种植的转基因作物包括玉米、大豆、棉花、苜蓿、油菜、甜菜、马铃薯、木瓜、南瓜、苹果等，转基因大豆、玉米、棉花的平均应用率达到 95%。而我国大宗农作物目前仅有棉花一种作物实现了转基因的产业化，种植面积约为 280 万公顷，仅为美国的 3.76%。目前，我国虽然也在积极推进转基因玉米和大豆产业化，但仍处于产业化试验阶段。

（二）基因编辑育种产业化仍在起步阶段

全球范围内，基因编辑育种已经在水稻、玉米、大豆、小麦和番茄等作物中得到广泛应用。美国是世界上基因编辑作物品种产业化最为领先的国家。抗磺酰脲除草剂油菜是全球第一个商品化的基因编辑作物，2015 年在美国 4000 公顷的土地上进行了商

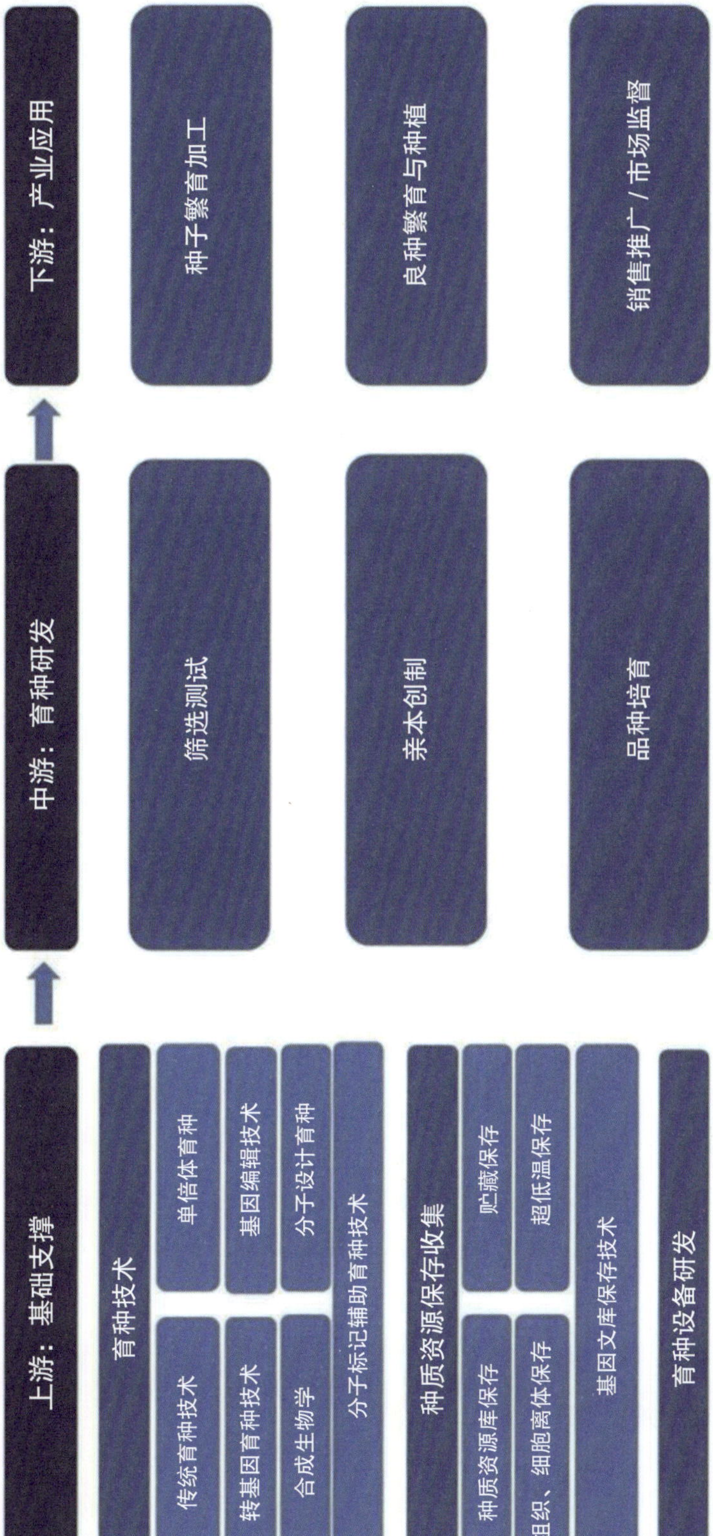

图 2-9 生物育种产业链图谱

业化种植。2016 年，美国批准种植了通过基因组编辑技术剪掉褐变相关脱氧核糖核酸片段的蘑菇品种。迄今为止，已有 150 多种基因编辑植物新品种被美国农业部指定为不受管制的品种，从而允许在美国进行商业种植，包括高油酸大豆、抗白粉病小麦、油分改良亚麻荠、高油含量山茶花等。英国在 2018 年批准了高 Omega-3 多不饱和脂肪酸的基因编辑亚麻荠试验性种植。日本在 2020 年通过了富含抑制血压上升功能成分（γ-氨基丁酸）基因编辑番茄销售申请，标志着基因编辑产品可以进入市场。近年来，我国也开始加速布局基因编辑作物的研究。2023 年 4 月，山东舜丰生物科技有限公司获得第一个农业基因编辑安全证书。创世纪种业公司也已开始进行香味及粒型的基因编辑水稻研究。深圳市盖瑞克生物科技有限公司在基因编辑“超级花生”计划上不断探索，已建立 103 种花生品种的转化体系，已实现 20 余个品种的转化，以期实现优质花生品种的创新与突破以及花生原料工业化。我国虽然在基因编辑作物育种应用研究方面取得了一系列国际领先的新材料和新品种，但尚无任何基因编辑作物被批准上市。

（三）对基因编辑等育种技术以及产品监管严格

生物育种技术及产品监管是影响一个国家生物育种技术研发及其产业化的重要因素。美国在政策上积极推进基因编辑技术产业化，坚持“实质等同性”“个案分析”原则，实行基因编辑产品分类监管方案，认为不引入任何外源遗传物质的基因编辑产品等同于传统育种产品不需要监管。阿根廷、加拿大、巴西、澳大利亚、日本、英国等国相继认同不引入外源遗传物质的基因编辑产品无须监管即可上市。近期，欧洲议会投票决定减轻对基因编辑作物的监管，对于可自然产生或通过传统育种产生的基因编辑作物不受转基因立法的约束。目前，我国对于基因编辑作物，在品种审定方面尚未出台单独的监管政策，仍将基因编辑作物视为转基因作物进行监管。近年来，我国陆续发布《农用基因编辑植物安全评价指南》《农业用基因编辑植物评审细则》等政策性文件，在生物安全评价时实行分类管理、个案分析，但现有分类仍比较笼统，缺乏量化评价指标。

三、山东生物育种产业创新现状

山东省高度重视以转基因和基因编辑为主流的生物育种技术前瞻布局，最早开展作物基因编辑体系研究和相关平台建设，创新成果显著。

（一）重大创新平台布局日益完善

山东省现有省级以上生物育种创新平台 13 家，其中国家层面布局小麦育种全国重点实验室、海水养殖生物育种与可持续产出全国重点实验室、国家盐碱地综合利用技术创新中心等国家级平台 3 家，省部级层面布局潍坊现代农业山东省实验室等 10 家。2023 年 6 月，舜丰生物公司获批建设“农业农村部基因编辑技术及育种应用重点实验室”。

（二）优势龙头企业日益壮大

山东省现有生物育种龙头企业 4 家，舜丰生物开发了自主知识产权基因编辑工具酶，在国内率先获得农业用基因编辑安全证书，引领行业发展；青岛清原研发了自主知识产权的多项基因编辑底层核心技术，发掘出耐“氟草啶”“氟氯氨草酯”等新除草剂的专利基因，在国际上具有较强竞争优势；奥克斯公司采用全基因组选择技术培育的种公牛数量和质量在全国前 100 名中排名第一；登海种业开展了转基因技术研发应用，创制的登海 605D 和登海 533D 两个转基因品种通过国家审定。代表性企业见表 2–5，地区分布情况见图 2–10。

表 2–5　山东生物育种产业重点企业

序号	企业名称	城市
1	山东舜丰生物科技有限公司	济南
2	山东奥克斯畜牧种业有限公司	济南
3	青岛清原农冠种业科技有限公司	青岛
4	山东登海种业股份有限公司	烟台

（三）人才团队引育成效凸显

山东省通过柔性引进、一事一议等多种方式集聚了一批包括院士、杰出青年、泰山学者等在内的 11 个顶尖人才团队，形成了生物育种领域人才雁阵格局。包振民院士团队利用全基因选择技术，育成 6 个“蓬莱红”系列栉孔扇贝等新品种；陈松林院士团队率先创制出半滑舌鳎基因编辑 F4 代快大型雄鱼；山东省农业科学院李根英团队建立了国际领先的无基因型限制的小麦高效转基因技术平台和多基因编辑技术体系。

山东省

山东省标准地图

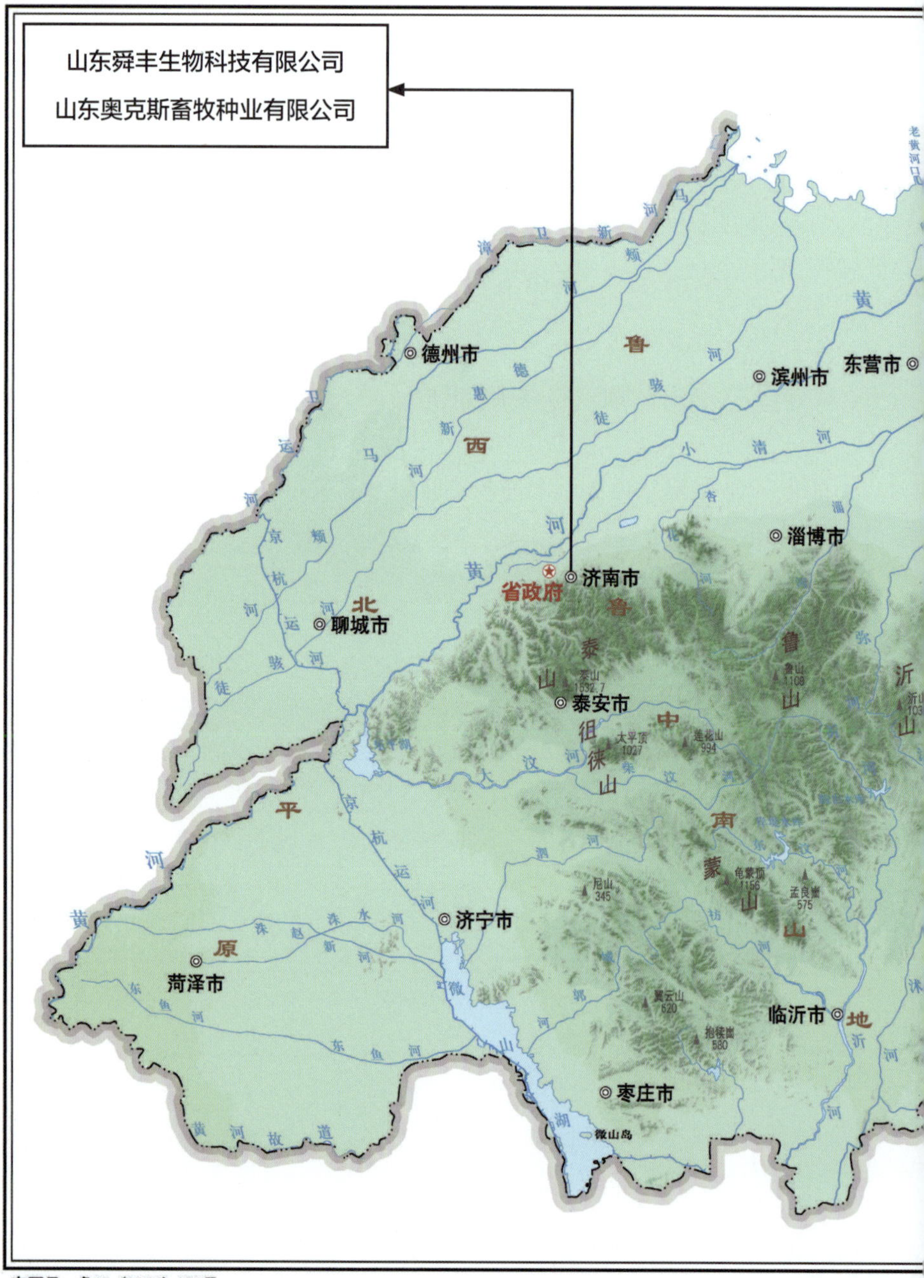

审图号：鲁SG（2024）035号

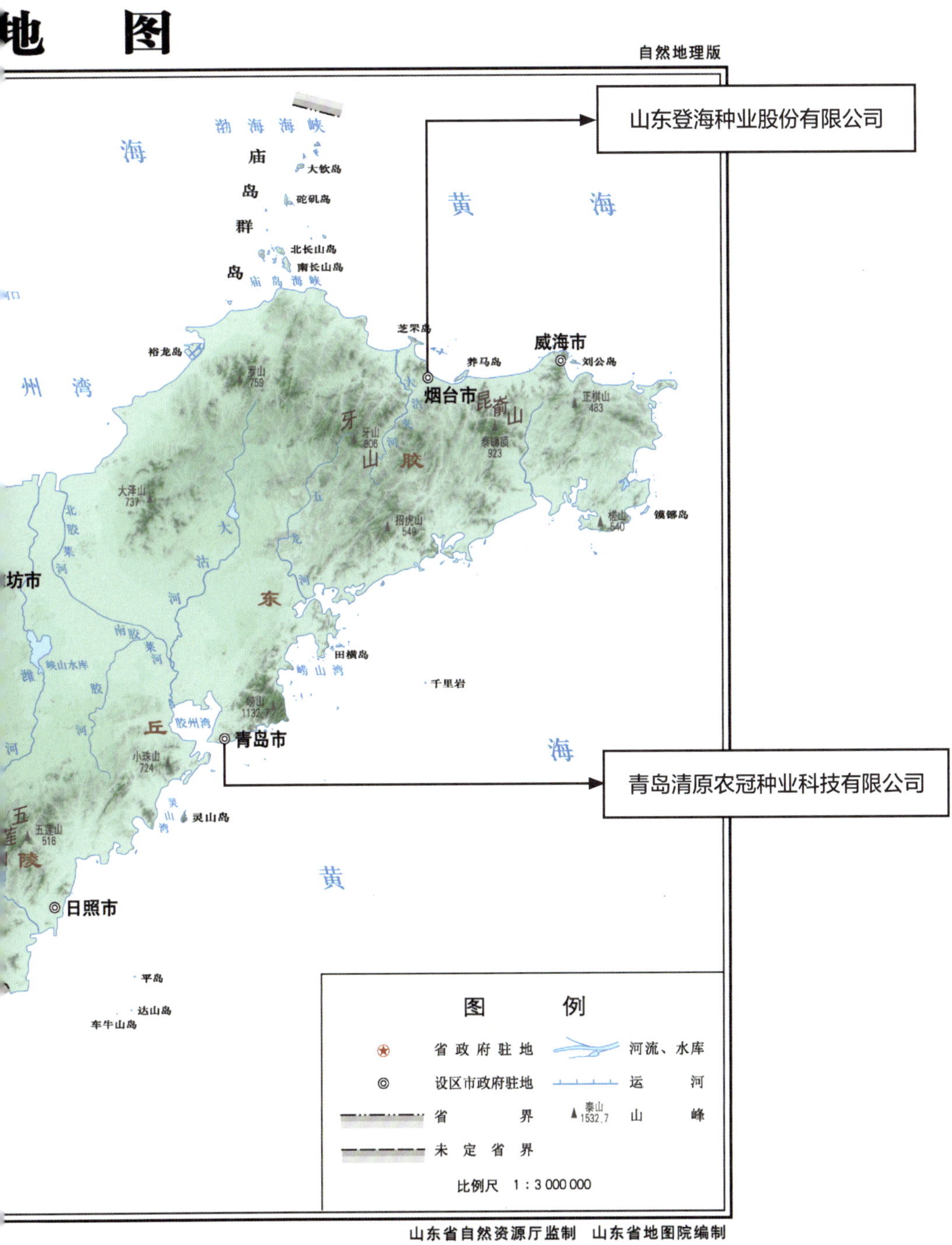

图 2-10　山东生物育种产业地区分布

（四）育种技术及应用方面取得显著成效

山东以省农业良种工程为引领，近10年植物基因编辑技术应用达到国际领先水平。舜丰生物研发了具有自主知识产权的基因编辑底盘核心工具；山东省农业科学院构建了高效基因编辑体系，实现了小麦单基因三靶点同时编辑效率达到100%，双基因六靶点同时编辑效率达到96%；山东农业大学率先完成Fhb7基因图位克隆，小麦多重基因编辑、抗赤霉病基因挖掘达到国际领先水平。利用基因编辑等技术，山东省已成功创制30余项新种质，包括长童期大豆、高油大豆、抗除草剂大豆、低豆腥大豆、矮秆玉米、高支链淀粉玉米、高直链淀粉玉米、抗茎腐病玉米、香味玉米、抗除草剂水稻、低GI水稻、无过敏原奶牛、低脂奶牛、高光效小麦、高GABA番茄、高维生素C生菜、生长更快的半滑舌鳎雄鱼等。

四、山东生物育种产业战略发展路径

从强化政策保障、加大生物育种核心技术攻关、推动高能级多学科融合创新平台建设等方面，有序推进生物育种产业化，对于山东省种业“走在前、开新局”具有重要意义。

（一）强保障，打造生物育种成果转化政策洼地

争取国家资源，建设转基因试点省份。呼吁相关管理部门参考欧美等发达国家的有关措施，简化基因编辑产品的审批环节，建立基因编辑产业化试点，加快基因编辑生物育种产业化进程。深化生物育种科研成果权益改革，明确收益分配机制，创新产学研用利益联合机制，鼓励企业与科研单位联合攻关，组建由相关领域专家团队、优势企业和创新平台等组成的稳定队伍，开展协同攻关，从源头推动生物育种成果尽快转化落地。

（二）重技术，强化“藏粮于技”育种应用

一是开展基因编辑关键核心技术攻关，针对不同物种优化基因编辑底盘工具，开发物种特异性的高效编辑系统，突破碱基替换、引导编辑的技术瓶颈；建立高效遗传转化体系，解决基因编辑载体递送效率低的问题。二是挖掘重大利用价值的关键基因。解析生物重要经济性状形成的分子机制，精准挖掘重要功能基因；聚焦耐热型奶牛、

高肌内脂肪含量猪、高产高油大豆、优质耐盐碱小麦、优质水果白菜等，培育高产、优质、高抗等突破性核心种质。

（三）聚合力，搭建高能级多学科融合创新平台

集聚省内优势创新要素，支持建设高能级“生物技术＋人工智能＋大数据”交叉融合生物智能设计育种平台，建立更加开放的合作机制，吸引集聚群体遗传学、人工智能、组学大数据等关键技术领域领军人才，建设人工智能技术与大数据分析辅助的智慧化生物育种体系，打造生物育种技术创新高地，突破生物育种的“卡脖子”技术问题。

第六节 脑机接口产业创新与战略发展

脑科学问题是自然科学研究领域的基础科学问题之一，是脑机接口理论萌芽、概念论证和技术研发的基础。脑机接口目前被作为未来产业发展的重要切入点，是人工智能与脑科学等多领域交叉融合的前沿方向，其通过为人脑和智能机器之间建立信息交流的通道，在医疗康复等临床应用展现了巨大的应用前景，已成为各个国家和地区抢占未来产业“新赛道”的战略必争方向。

一、全球脑机接口产业发展趋势

（一）脑机接口领域理论萌芽诞生

脑机接口技术通过在人脑与计算机或其他具备处理能力的电子设备之间建立信息交流通道，实现大脑与机器之间的“对话”。脑机接口相关研究追本溯源，大约在20世纪20年代，德国精神科医生Hans Berger发明的脑波测量仪器透过微弱的电极从头皮记录人脑的脑电波活动，发现人在清醒和睡眠状态下有着完全不同的脑电波图形，为脑机接口研究提供了理论萌芽。至今，脑机接口已经历了理论萌芽、概念验证和技术爆发三个阶段，目前正处于产业发展阶段。

（二）多技术融合助推脑机接口技术创新

脑机接口涉及大脑诱发范式、信号采集、信号处理、信号解析与特征提取、识别模型与机器学习、控制器、设备控制和输出等基本原理研究，涉及神经科学、医学、计算机软件、人工智能、新材料、先进制造等多学科多领域，其产业链上游为各类软硬件设备，包括脑电信号采集设备（核心器件为电极 / 探针）、脑电信号处理设备（核心为芯片）、外控外联设备、系统软件等；中游为脑机接口相应产品、相关设备和平台；下游为各行业应用，下一步将成为生物科学和信息科技融合的重要战场（图 2–11）。

（三）脑机接口技术呈现“供不应求”趋势

世界卫生组织综合统计分析结果显示，全球脑疾病患者约占所有患者的 11%，脑疾病患者群体数量之多引起医学界重视。脑机接口技术为脑疾病患者的治疗开辟了新的途径，显示出其在医疗健康领域的广泛应用潜力。这为脑机接口产业的发展提供了强有力的推动力。

（四）脑机接口研究成为“热潮”

根据 Expert Market Research 报告，2024 年全球脑机接口产业的市场规模将达到 22.3 亿美元，预计到 2034 年，这一数字将增长至 98.4 亿美元。目前，全球约 40 个国家和地区的科研界已开始进行脑机接口技术的创新，相关领域的科研投入和成果持续增长，脑机接口技术的专利申请量也在不断上升。分析表明，过去 10 年中，近 80% 的科技成果都与脑机接口相关。中国在这一领域崭露头角，开展的脑机接口科研项目数量最多，科研成果规模大且增长迅速。中国企业在脑机接口技术方面的发明专利申请数量占全球总量的半数以上。

二、中外脑机接口产业对比分析

（一）各国脑机接口研究配套政策持续完善

面对脑机接口技术所展现的巨大的潜在价值和市场前景，发达国家均展现了足够的重视度。美国最早提出制定脑机接口相关行业发展规划，实施脑科学计划，在政府资金投入上展现了其作为发达国家的经济实力，也使其脑机接口技术发展水平在全球遥遥领先。1989 年，美国启动了国家级脑科学计划，并将 1990—1999 年命名为“脑的十年”。此后，2013 年美国宣布实施“推进创新神经技术脑研究计划”，并持续加大

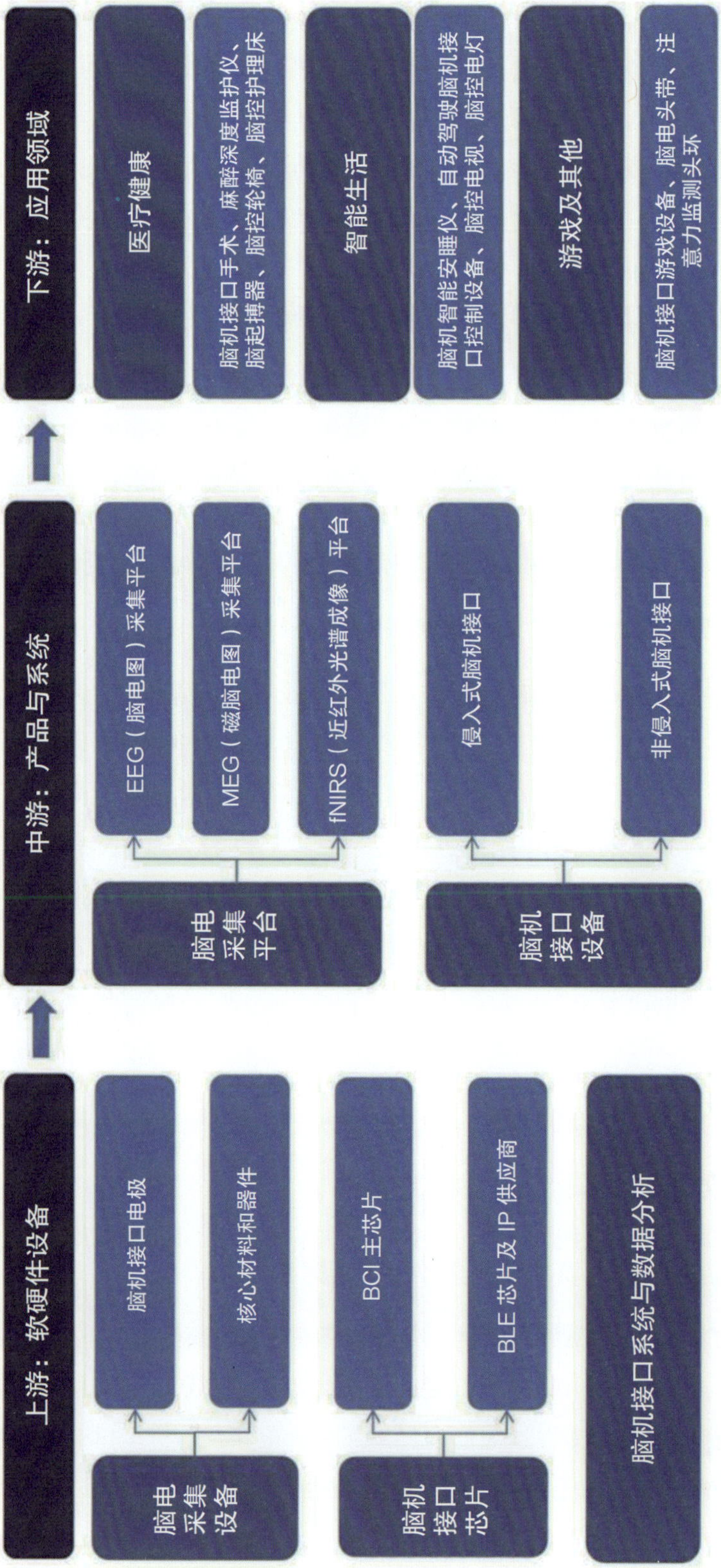

图 2–11　脑机接口产业链图谱

对脑机接口领域的科研投资，保持着该领域最多的科研项目数量和资助总额。1991 年，欧盟不甘示弱，提出“欧洲十年脑计划”，也在 2013 年将脑计划研究作为未来和新兴技术的主导性项目，号召 26 个国家的 135 个机构参与，但最终以失败告终，2023 年 9 月暂停投入。与此同时，日本和韩国也相继启动了涉及脑机接口技术的脑科学计划。我国在 2016 年宣布实施脑科学计划，并在《“十三五”国家基础研究专项规划》中，明确将脑与认知、脑机智能及脑健康作为核心研究领域。2020 年，国家“十四五”经济社会发展规划布局脑科学等前沿领域重大科技项目研究来加强原创性、引领性科技攻关。2021 年，科学技术部正式启动科技创新 2030“脑科学与类脑研究”重大项目，首批资金投入超过 30 亿元。在各国政策的大力支持下，脑机接口技术发展经历了重大技术突破，并呈现出持续增长的市场规模和明确的发展方向。代表性创新主体包括 Neuralink、BrainGate、Neurolutions 和 Paradromics 等公司，专注于从侵入式到非侵入式的 BCI 技术研究与产品开发，实现了诸多技术突破，如神经信号的精确读取与写入、卒中康复系统的开发，以及用于治疗抑郁症或阿尔茨海默病等疾病的临床技术。

（二）各国脑机接口技术发展推动力竞相迸发

美国、日本和欧洲通过长期的资金投入和技术积累，在脑机接口领域处于全球领先地位。例如，2024 年 1 月，由马斯克创办的 Neuralink 公司宣布完成全球首例人类脑机接口设备植入手术，目前患者恢复良好。我国在脑机接口领域起步较晚，面临着技术壁垒和理论基础薄弱等挑战，但发展迅速。在脑科学基础理论，特别是在脑认知与脑疾病机制方面，我国处于国际领先水平；在侵入式运动脑机接口和非侵入式范式与算法方面，处于国际并跑状态；而在脑机软件与平台方面，仍处于国际跟跑阶段。脑机交互与人机共融海河实验室布局了目前为止最大、最全面的脑机交互专利池，实现了脑机交互全技术链条覆盖，自主研发的“神”系列康复机器人实现了患者主动参与式的运动康复新模式。四川大学华西医院的动作观察关联诱发 BCI 技术上取得了重大突破。首都医科大学宣武医院赵国光教授带领团队为一位癫痫患者完成中国首例“脑机接口”闭环反应性神经刺激系统 Epilcure™ 注册临床试验植入手术。中国科学院自动化研究所提出了基于脑机交互的经颅交流电刺激（tACS）的视觉康复方法。2018 年，北京和上海相继设立了脑科学与类脑研究中心，粤港澳大湾区也在加速建设脑科学与类脑研究中心，浙江大学获批建设脑机智能全国重点实验室。脑机接口相关平台建设逐步推进。

（三）各国脑机接口产业发展趋势迅猛

全球脑机接口技术在医学领域的市场规模已逐渐显现，预计到 2030 年将达到 400 亿美元，2040 年将增长至 1450 亿美元。其中，以中枢神经系统疾病治疗为主的严肃医疗的潜在应用规模 2030 年预计为 150 亿美元，2040 年为 850 亿美元。根据中国信息通信研究院发布的《脑机接口技术发展与应用研究报告（2023 年）》，截至 2023 年 3 月底，全球脑机接口领域的代表性企业已超过 500 家，分布在 40 多个国家，其中美国和中国的企业数量均突破百家，位居全球第一梯队。全球脑机接口重点企业主要分布在美国和中国，代表企业如 Neuralink（埃隆·马斯克旗下）、Synchron、Mindmaze（瑞士）、Kernel、Paradromics 等，国内代表性企业主要有脑虎科技、强脑科技等。我国脑机接口产业正加速追赶，预计到 2040 年，我国脑机接口产业的综合市场规模将达到 1250 亿元，年均复合增长率为 26%。其中，科研级市场规模预计为 15 亿元，消费级市场规模预计为 1240 亿元，涵盖高级人机交互 830 亿元和日常评估保健 415 亿元。

三、山东脑机接口产业创新现状

（一）系统推进脑机接口领域布局和创新平台建设

山东省在脑机接口领域已经开始布局，2015 年组织启动了“齐鲁脑计划”；2018 年省重大科技创新工程项目中布局“脑科学与类脑人工智能”指南，鼓励省内优势企业和高校院所开展脑科学与类脑科学相关领域研究；2022 年将脑机接口康复治疗装备研发纳入“十四五”科技创新规划。山东省还建立了一系列研究机构和企业，依托青岛国实科技集团有限公司组建了山东省智能芯片与产业应用技术创新中心，依托山东大学齐鲁医院组建了山东省脑健康与功能重构重点实验室，依托山东齐都药业有限公司组建了山东省脑神经保护类药物重点实验室等脑机接口相关领域创新平台，吸引了一批高层次专家及创新团队。代表性企业见表 2-6。

表 2-6　山东脑机接口产业代表性企业

序号	企业名称	城市
1	山东中科先进技术有限公司	济南
2	山东蓓明医疗科技有限公司	济南

（续表）

序号	企业名称	城市
3	山东微笑集成科技有限公司	济南
4	海信视像科技股份有限公司	青岛
5	青岛光电医疗科技有限公司	青岛
6	青岛中泉智能科技有限公司	青岛
7	伯睿恩奈克斯医疗科技（烟台）有限公司	烟台
8	山东泽普医疗科技有限公司	潍坊
9	山东海天智能工程有限公司	泰安

（二）脑机接口领域产业链初步形成

通过前期科技规划和专项支撑，济南市、青岛市、泰安市、潍坊市等市的脑机接口产业稳步发展（地区分布见图 2-12）。其中，2023 年，山东第一医科大学与济南市政府合作共建山东脑科学与类脑研究院，参与实施国家科技创新 2030-“脑科学与类脑研究”重大项目，在双激活活性的 TAAR1 小分子激动剂、神经损伤动物模型及 R- 氯胺酮抗抑郁作用分子机制等方向取得重要突破；山东海天智能工程有限公司自主研发的脑机接口康复训练系统产品获批脑机接口康复领域世界首例二类医疗器械注册证，实现产业化，填补了行业空白；山东蓓明医疗科技有限公司的脑机控制植入式肌肉神经刺激器入选国家人工智能医疗器械创新任务榜单；山东泽普医疗科技有限公司拥有步态训练与评估系统、上肢反馈训练与评估系统等医疗器械注册证 17 项，康复机器人研发市场前景广阔。

（三）脑机接口领域产业发展面临挑战

山东与北京、天津、江苏、浙江等省市相比，在脑机接口产业方面，科技研发与产业基础相对薄弱，面临着较大的压力与挑战。一是产业链配套还需完善，山东省脑机接口相关企业数量少且行业规模小，未像江苏、深圳等地布局 BCI 相关高科技产业园、基地和创新研究中心，脑机接口行业在全国的产业影响力不足，亟须集中山东省优势资源，前瞻布局发展条件成熟的企业和科研院所，开辟“新赛道”，开发创新型产品，进一步扩大山东省市场规模和产业基础。二是临床、科研和工科还存在脱节现象。脑机接口领域的临床需求和科研基础联系不紧密，依托核心科研支撑成果转化的优势企

山 东

山东省标准地图

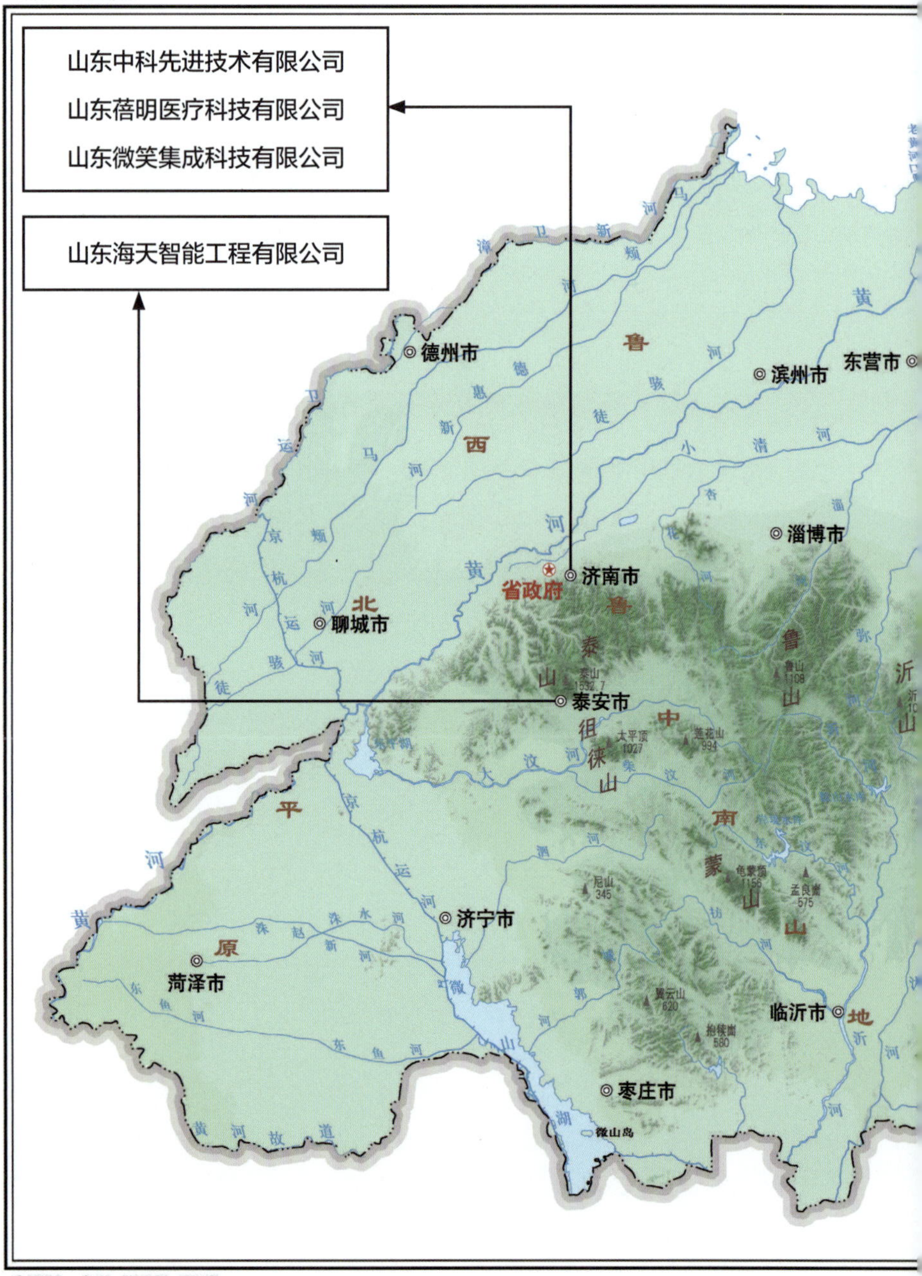

审图号：鲁SG（2024）035号

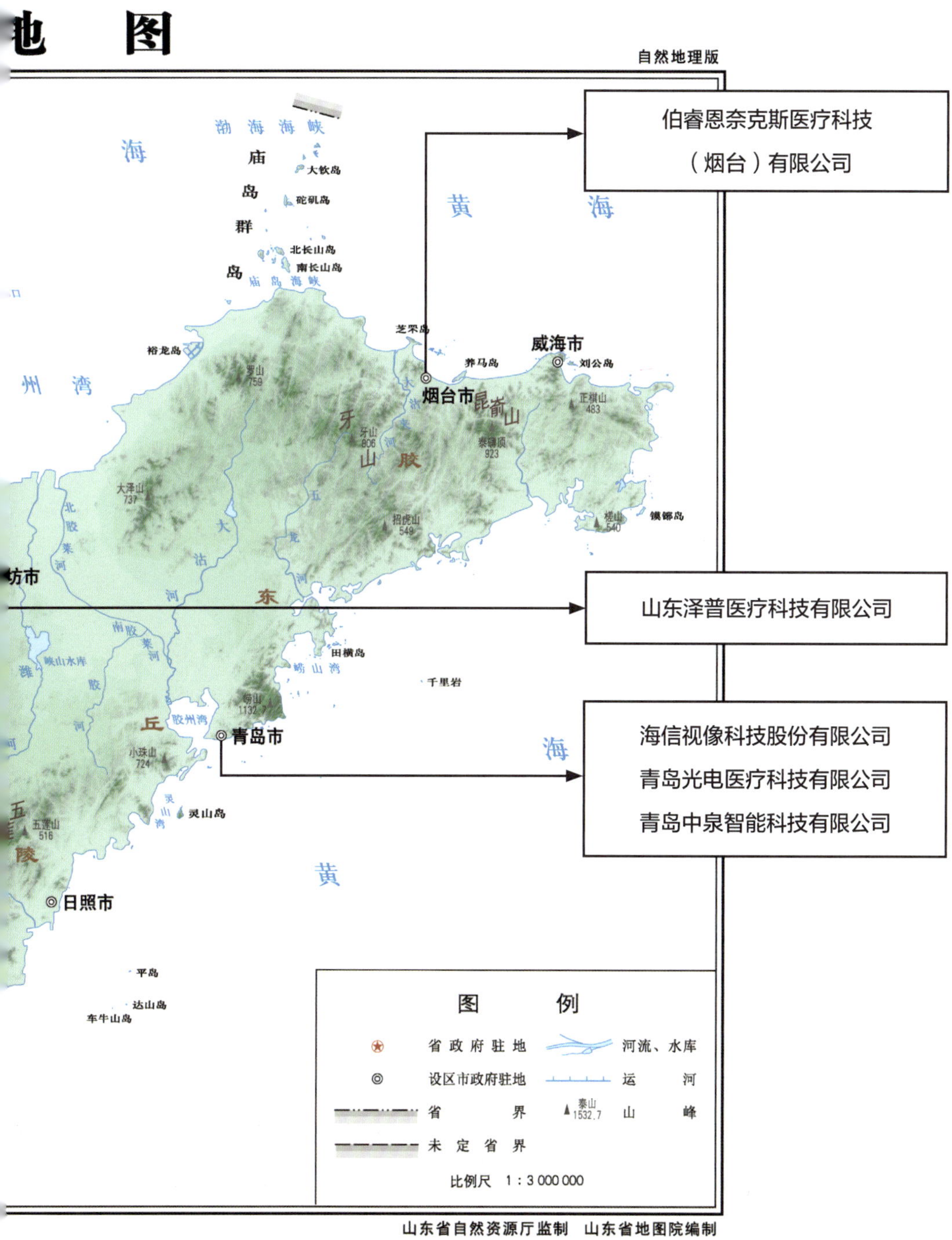

图 2-12　山东脑机接口产业地区分布

业还未成长起来，亟须引进北上广高水平的人才团队，培养本土领军人才，以人才引进带动脑机接口产业做大做强。三是技术成果转化难、推广应用难度较大。脑机接口作为未来产业，在现实临床试验和推广应用中，还存在部分患者接受难、依从度低等现象。

四、山东省脑机接口产业战略发展路径

（一）明确山东省脑机接口重点攻关方向

目前，脑机接口方面面临核心技术壁垒众多的难题，侵入式的技术难点集中在电极、芯片、临床诊疗等方面，产品研发和上市流程相对更复杂；非侵入式技术则在脑科学的基础研究、AI 算法等方面需要更高的精准度。结合山东省当前发展状况，建议在无创采集脑信号、靶向神经电刺激、信号识别获取、非侵入式的人机交互和控制技术等技术方向优先发力，实施一系列产业链协同创新攻关项目，推动装备制造、新材料、芯片、通信、信息系统等领域的技术创新，加速形成完整的产业链体系，进一步促进脑机接口技术在临床应用中的产品化和产业化，从源头供给、创新策源、创新主体、中试孵化、应用场景、创新要素等方面提出支持措施。

（二）强化省级科技创新资源支持引领

在政策支持方面，综合利用数字经济、生物医药、未来产业和科技创新等相关政策，借鉴国家部委及北京、上海、浙江等先进省市的政策文件，进一步加大对脑机接口领域的支持力度。充分发挥省级科技金融政策的作用，吸引社会资本参与基础研究，鼓励使用数据资产质押等创新知识产权方式，拓宽企业融资渠道，并引导脑机接口领域的科技型中小企业根据市场需求加快技术攻关进度。加强体制机制创新，探索在脑机融合等先进治疗方式的临床研究与技术转化中进行机制改革，支持脑机相关产品通过创新医疗器械通道优先审批，加快审评进度。鼓励有实力的研究机构和企业积极参与脑机融合标准的制定，完善相关术语和体系架构标准，填补标准化的空白。项目支撑方面，重点关注脑机接口领域的核心技术难题，编制项目指南并实施省级重大科技创新工程和省自然科学基金等项目，鼓励省内具有研究基础的高校院所和优势企业开展技术研发，支持跨学科合作，联合争取国家级科技计划项目，集中力量进行突破。平台建设方面，强化脑机接口、人工智能、脑科学等交叉学科领域的平台建设，充分

利用省重点实验室重组之机，进一步加强对脑机接口、人工智能、脑科学等领域重点实验室的整合调整和优化提升，推动创新平台与高校、科研机构、企业等的紧密合作，进一步激发省重人才的创新活力，形成协同创新的良好机制。

（三）强化人才培养和合作交流

脑机接口是一门多学科交叉融合的前沿学科，需要更多具有复合背景的专业人才。在人才培养上，支持高校、院所、企业等用人主体通过"一事一议"政策引进省外、海外脑机接口领域顶尖人才，强化青年科技人才引育，通过山东省优秀青年科学基金项目（海外）等，大力引进 TOP200 高校脑机接口领域优秀青年科技人才，为人才提供科研第一桶金，支持其回国创新创业。高等教育要进一步夯实多学科专业基础和教育体系，发挥山东大学、青岛大学等高校优势，在生物医学等专业领域，加强适应交叉学科需求的课程设置，推动创新型人才的培养。在合作与交流方面，鼓励具备先行基础的城市探索建设脑机融合未来产业先导区，支持在相关园区内打造脑机融合产业集聚区，推动举办脑机融合高端论坛、峰会、创新大会及场景创新大赛等活动，吸引优质项目和人才落地。加强政府层面的国际合作，支持高校和企业在科研、人才培养等方面开展跨国合作，通过出国培训和项目合作等方式，为山东省脑机接口技术研究拓宽路径，从而高效提升脑机接口技术创新水平、快速优化脑机接口产业生态。

（四）优化脑机接口产业创新发展生态

科技伦理方面，要切实增强脑机接口领域科技伦理治理的紧迫感，按照国家和省里相关要求，建立符合脑机接口技术特点的伦理审核和监管体系，将科技伦理要求贯穿于科学研究和技术开发等全过程，有效防范科技伦理风险。同时，应明确创新主体在科技伦理管理中的责任，探索制定相关规范、标准和审查制度，完善科技伦理审查、风险应对和违规处理等工作流程。知识产权方面，加快完善脑机接口产业知识产权保护法规规章政策体系，以激励原始创新、服务产业发展为导向，鼓励相关单位强化对脑机接口科技成果的权属保护，做好技术和产品的知识产权布局。成果转化方面，鼓励企业、高校和研究机构多方协作，拓宽成果应用场景，充分利用山东科技大市场，做好脑机接口领域相关产品的路演等活动，加大推广力度，同时做好供需对接，吸引更多国内外脑机接口产业链头部企业来鲁布局，进而为山东省脑机接口领域企业做大做强争取更多创新资源，推动更多高质量脑机接口科技成果转化为现实生产力。

第七节 卫星互联网产业创新与战略发展

随着太空探索和卫星应用的不断深化，卫星产业大跨步向未来迈进，已逐渐成为拉动经济增长的重要引擎。卫星互联网专指太空高速通信网络，利用多颗卫星形成宽带通信网络覆盖，可以基于通信、导航、遥感技术提供卫星网络解决方案，赋能各个行业，为地广人稀的国家和地区解决无基站区域的通信需求。随着全球卫星市场的结构性变化，以及美国 SpaceX 的成功示范效应，卫星互联网成为新热点，引领商业火箭行业蓬勃发展，通过与 5G、工业互联网、物联网结合，催生丰富的应用场景。

一、全球卫星互联网产业发展趋势

（一）全球商业航天产业规模持续增长

据美国卫星工业协会（SIA）统计，2023 年全球商业卫星产业市场收入达到 2850 亿美元，占航天收入的 71%，较 2022 年增长约 1.42%。全球卫星产业主要包括卫星服务、卫星制造、卫星发射服务和卫星地面设备制造等领域。从全球卫星产业收入分布状况来看，2023 年，地面设备制造业占比最大，达到了 52.8%，涵盖了全球卫星导航设备、个人消费设备和网络设备等；其次是卫星服务业，收入占比为 38.7%，主要包括卫星广播、宽带服务、移动卫星服务和商业遥感等；卫星制造业的全球收入为 172 亿美元，占比 6%，其中美国的卫星制造业收入为 79 亿美元，占全球市场的 46%；火箭发射服务业的收入为 72 亿美元，美国在其中占比为 54%。

（二）星箭制造发射一体化、产业化聚集渐成趋势

2023年，全球航天活动持续高位运行，全年完成了223次航天发射，首次突破200次，较上一年增长了19.9%。其中，美国实施了116次发射，发射载荷达到1214吨，发射次数和总质量均超过其他国家的总和，稳居全球第一。在美国的发射中，“猎鹰”系列运载火箭共进行了96次发射，占全球的43%，在美国国内的占比为83%，成为主力运载火箭。从载荷部署角度看，2023年全球共发射2945颗航天器，其中美国部署了2248颗（其中“星链”占1984颗），占全球总数的四分之三以上；欧洲部署了277颗航天器（其中“一网”占132颗），排名全球第二；中国则部署了218颗航天器，位居第三。

（三）卫星互联网步入快速发展阶段

2015年以来，各国发现低轨卫星互联网在未来的战略意义，并先后提出了近30个星座计划。当前，星链、一网已经投入商用，Lightspeed、柯伊伯等星座正在建设规划中。SpaceX通过密集发射的方式实现快速组网，截至2024年12月已部署6800颗卫星，并在多达100个国家和地区布局，为超过460万用户提供通信服务。根据SIA的卫星行业报告，宽带是卫星服务领域中增长最快的市场，2023年同比增长达到40%。目前，消费者宽带的收入已达到48亿美元。卫星产业链主要涵盖卫星研制、卫星发射、地面设备和卫星运营等多个环节（图2–13）。卫星发射占产业链整体比重较小，但增速迅猛，同时技术含量高，是“卡脖子”环节之一。根据SIA卫星行业报告，火箭发射环节2023年收入占比约为卫星产业链的2.53%。

二、中外卫星互联网产业对比分析

（一）我国商业航天领域取得突破性进展

中国空间站开启常态化运营，同时，中国商业航天也迎来了井喷式发展。如，嫦娥六号成功着陆在月球背面南极–艾特肯盆地，执行了形貌探测和地质背景勘察等任务。为了促进国际合作，该任务搭载了来自四个国家的多个载荷和卫星项目，包括法国的氡气探测仪、欧洲太空局的负离子探测仪、意大利的激光角反射镜和巴基斯坦的立方星。天兵科技的天龙二号遥一运载火箭顺利完成首飞。星际荣耀的双曲线二号实现了液氧

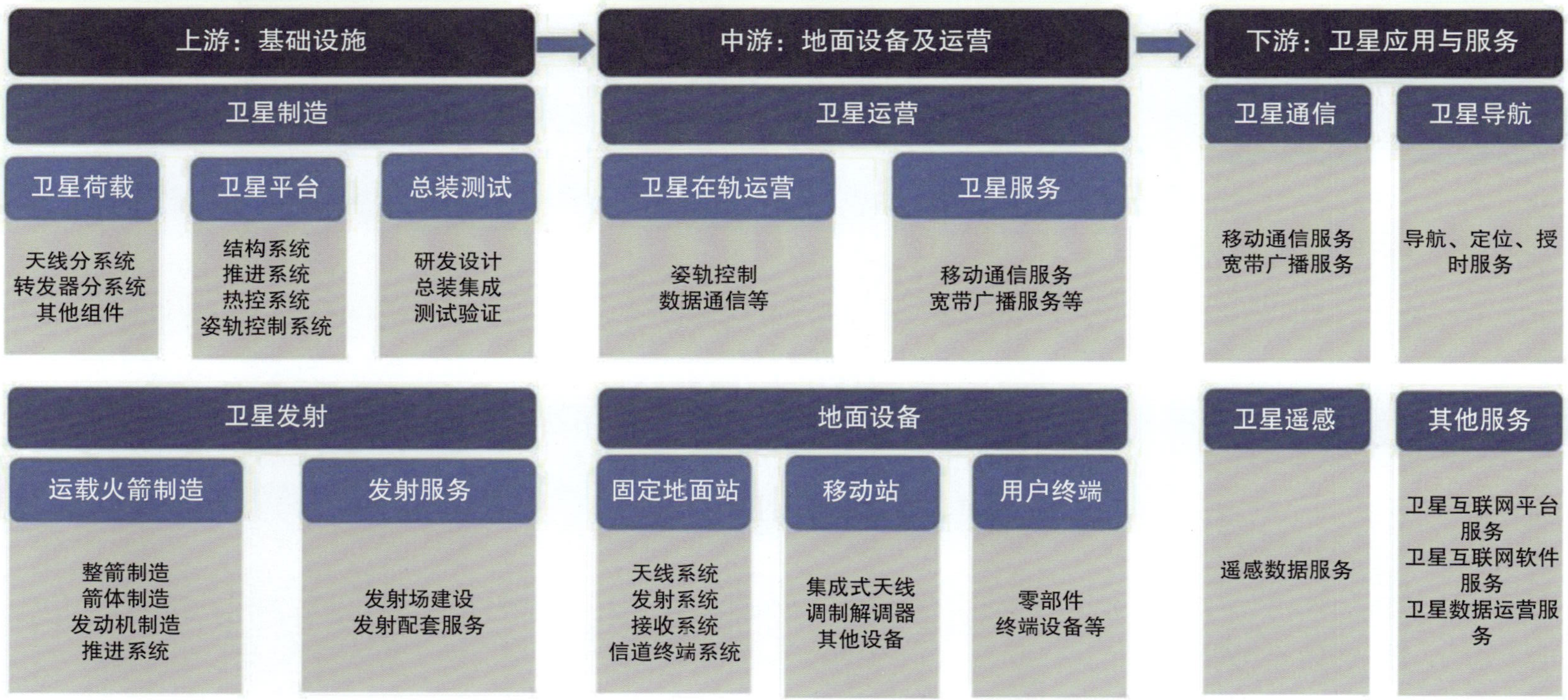

图 2-13　卫星互联网产业链图谱

甲烷火箭的垂直起降，并具备回收能力。蓝箭航天的朱雀二号则成为首个成功入轨的液氧甲烷运载火箭。上海垣信的千帆星座及各商业航天公司及智能车企也在低轨卫星领域积极布局。随着“一箭多星”技术的成熟，中国的运载火箭产业市场规模预计每年达百亿元，商业航天的发展空间巨大。中国星网集团计划在2030年前完成1.3万颗低轨卫星的组网，其中包括两个名为GW-A59和GW-2的宽带星座计划，总卫星发射数量将达到12 992颗。根据公开的星座计划，这些商业卫星的总发射重量预计将达到上千吨。

（二）从卫星发射看，我国与美国差距逐渐缩小

2023年全球共进行了223次航天发射任务，发射载荷2930个（含5个用于配重的模拟卫星），其中212次成功发射共将近2890个航天器送入预定轨道，远超2022年的186次、2021年的145次和2020年的114次。11次发射失败、1次部分发射失败和3次拼车发射服务中，因星箭分离故障或卫星与轨道转移器分离故障共造成近30多个航天器未进入预定轨道。SpaceX独占98次，占比44.34%。中国在2023年完成了67次航天发射，占全球发射总数的30%，虽存在差距，但也刷新了历史新高。在2024年的第一个月，SpaceX完成了10次航天发射任务，其中7次是为其自己的星链互联网卫星计划服务，1月29日SpaceX创下了一个新的里程碑，即在短短4个小时内完成了两次发射任务。从火箭制造国家来看，2023年，全球有10个国家制造的火箭在13个国家的发射场进行了发射。中美两国的火箭制造产量最高，分别为116枚和67枚，全球占比分别为52%和30%，合计达到了82%。

（三）从在轨卫星看，我国卫星数量仍处于劣势

SIA数据显示，截至2023年1月1日，全球共有6718颗在轨运营卫星。美国4529颗，约占全球67%；中国590颗，约占全球9%；英国563颗，约占全球的8%；俄罗斯174颗，约占全球3%。从卫星类型来看，全球通信卫星共有4823颗，占全部卫星的72%；导航卫星155颗，占比2%；遥感卫星1192颗，占比18%。从轨道类型看，低轨、中轨、高轨卫星分别有5938颗、141颗、580颗。总的来看，中国在轨卫星数量约为美国数量的1/6，尤其是通信卫星数量仅为美国的2%左右，差距较为明显。

（四）从卫星组网看，美国保持着绝对的领先

近年来，Starlink已发射了5000多颗低轨卫星系统，SpaceX基于低成本火箭快速

组网并逐渐进入了商业运营阶段，深刻影响了国际通信市场的发展。SpaceX 在 2024 年 3 月完成了星舰的第三次试飞，新一代重型运载火箭“星舰”是迄今全球体积最大、推力最强的运载火箭，总高度约 120 米，直径约 9 米。根据统计数据，截至 2022 年 4 月 10 日，全球已申请的低轨卫星数量达到了 74 353 颗，其中美国申请了 50 626 颗，中国申请数量为 14 220 颗，美国的申请数量是我国的 3.6 倍。

三、山东卫星互联网产业创新现状

（一）政策引领逐步强化

山东抢抓国家卫星互联网领域战略机遇，聚焦低空、卫星、微电子等领域，不断深化与中国科学院空天信息创新研究院等大院大所合作，推动了卫星互联网产业快速发展，产业主要集中在济南、青岛、烟台等市。省政府办公厅印发《山东省航空航天产业发展规划》，提出重点发展运载火箭及发射服务、卫星制造与应用，聚焦海上商业发射、固体运载火箭、液体运载火箭、卫星研发制造、卫星组网及测控、空天数据处理与应用等具体方向加快布局，聚力打造全国航空航天产业新高地，为新时代社会主义现代化强省建设提供有力支撑，为加快建设航空航天强国作出山东贡献。济南市政府印发《济南市空天信息产业高质量发展行动计划（2024—2027 年）》，提出加快空天信息高端产业、优质资源向重点领域、重点区域集聚，着力形成“双核两区”的空天信息产业发展格局，聚焦核心制造强链、创新平台提升、信息应用拓能、产业集群聚优等工程，出台若干扶持政策。

（二）商业航天赛道深入布局

山东省在商业航天领域已构建了包括火箭发射、星箭研发制造、航天新材料、卫星数据应用等关键环节的完整产业链。烟台东方航天港是我国唯一的海上发射母港，成功执行了 10 次海上发射任务，累计发射卫星 57 颗，培育了一个完整的商业航天产业链。东方空间自主研制的“引力一号”商业火箭成功发射，创下了全球最大起飞推力固体运载火箭和首个全固体捆绑运载火箭等多个纪录。中集来福士建造了我国首艘专业海上卫星发射船，支持大型固体火箭（如长十一甲火箭）在四级海况下安全执行海上发射任务，并支持中小型液体火箭（如长八火箭）在三级海况下的发射。东方蓝天钛金（烟台）致力于航空航天钛合金高端紧固件与结构件的研发与生产，为大飞机及“星、船、弹、箭、器”等国家重大项目提供关键保障，是 C919 大飞机唯一的国产紧固件供应商。中科卫星（山东）科技集团有限公司建设并运营由 21 颗 SAR 卫星组成的 AIRSAT 卫星星座，为国防、行业和商业用户提供数据服务。

（三）空天信息网络加快应用

深入实施国家“北斗星动能”科技示范工程，目前已在无人农场、海洋牧场、生态安全等领域开展了北斗综合性规模化示范应用。代表性企业科技创新成效显著，山东微波电真空技术有限公司建设了全球首条空间行波管自动化装配试验线，改变了行业传统的手工装配生产模式，满足了我国大规模卫星组网的重大需求。山东航天九通车联网自主研发运营“航天九通智慧车联网综合服务云平台”，现直接入网北斗车载终端超过 26 万台，是国内最大的北斗车联网平台之一。烟台中国航天科技集团公司第五研究院第五一三研究所在卫星应用、空间信息系统、运载火箭数据处理等方面具有领先优势，研制的大功率电源控制器、冲击传感器、综合电子系统等多项技术成果成功应用于“天问一号”火星探测器和北斗卫星导航系统。烟台睿创微纳研制了应用于低轨卫星星座的宽带中频芯片、射频前端芯片、模拟波束赋形芯片等宽带卫通核心芯片，具备了卫星通信相控阵天线的制造能力。中科星图智慧科技有限公司研发的智慧时空大数据平台入选工业和信息化部《2023 年大数据产业发展示范名单》，已在农业、应急、交通、水利等领域实现广泛应用。代表性企业见表 2–7，地区分布见图 2–14。

山　东　省

山东省标准地图

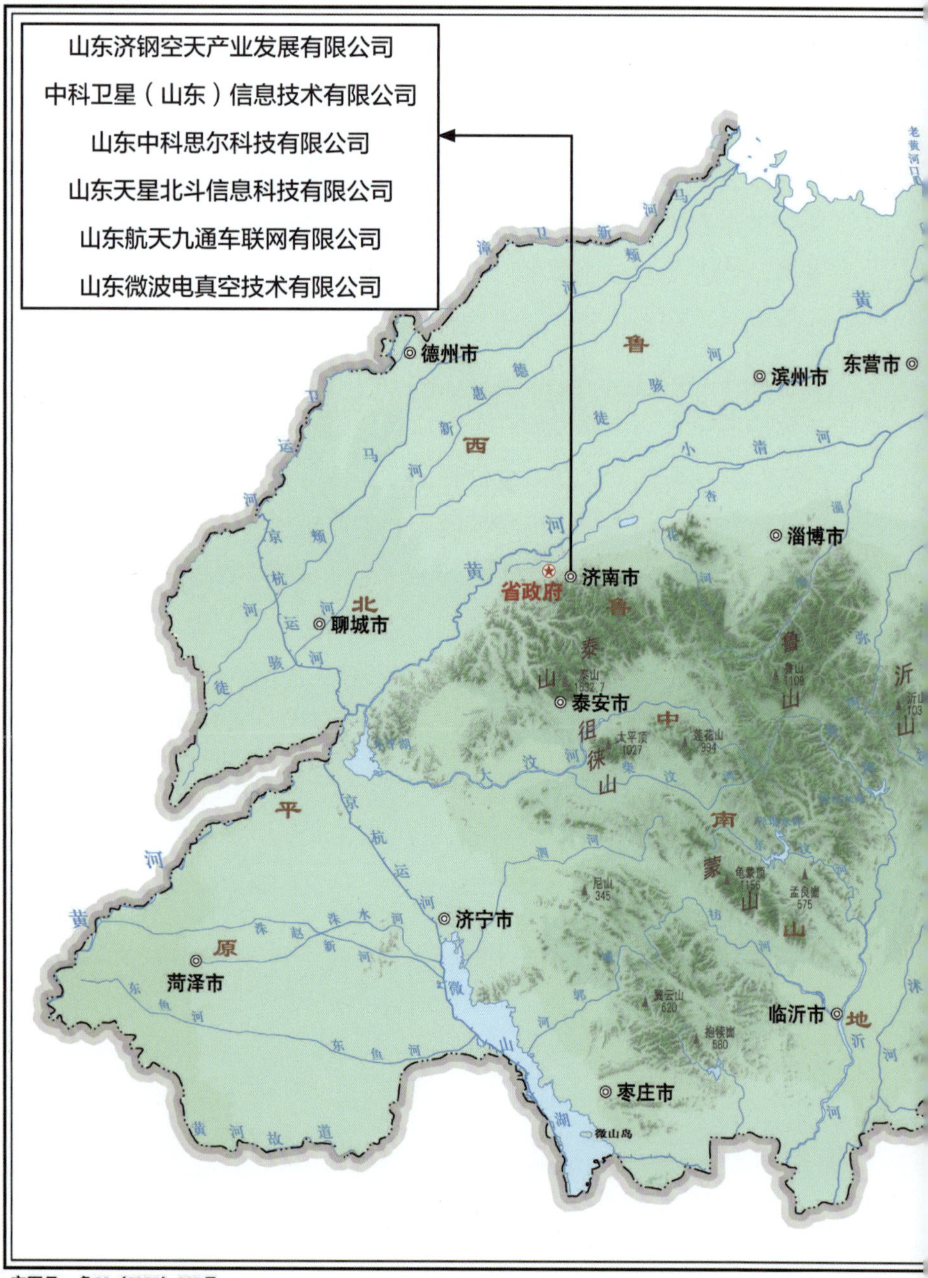

审图号：鲁SG（2024）035号

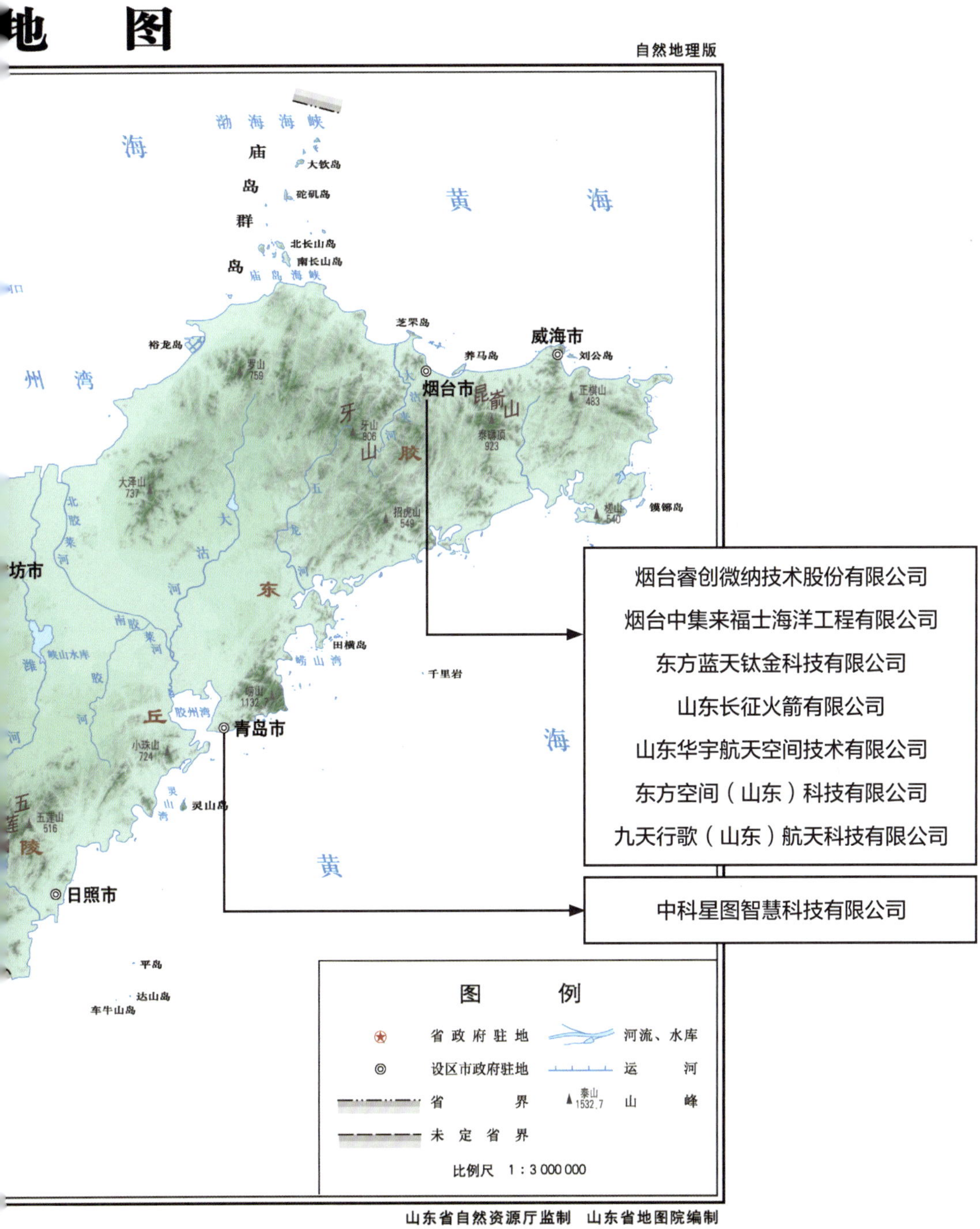

图 2-14　山东卫星互联网产业地区分布

表 2-7 山东卫星互联网产业代表性企业

序号	企业名称	城市
1	山东济钢空天产业发展有限公司	济南
2	山东微波电真空技术有限公司	济南
3	中科卫星（山东）信息技术有限公司	济南
4	山东中科思尔科技有限公司	济南
5	山东天星北斗信息科技有限公司	济南
6	山东航天九通车联网有限公司	济南
7	中科星图智慧科技有限公司	青岛
8	烟台睿创微纳技术股份有限公司	烟台
9	烟台中集来福士海洋工程有限公司	烟台
10	东方蓝天钛金科技有限公司	烟台
11	山东长征火箭有限公司	烟台
12	山东华宇航天空间技术有限公司	烟台
13	东方空间（山东）科技有限公司	烟台
14	九天行歌（山东）航天科技有限公司	烟台

四、山东卫星互联网产业战略发展路径

（一）围绕卫星赛道优化部署重大创新平台

强化航空航天领域实验室、科研院所、高校等战略科技力量建设，提升科技创新策源能力。积极创建国家空天信息技术创新中心，重点开展智能卫星柔性制造、空天先进探测材料与载荷等研究和应用。加快建设中国科学院济南科创城。建强省微纳卫星、海上航天装备、航空轮胎技术创新中心，聚力突破微纳卫星制造、大型商用客机配套、海上发射公共系统等领域。高水平建设中国航天科技集团公司第五研究院第五一三研究所、齐鲁空天信息研究院、济南先进动力研究所、山东产业技术研究院、青岛空天动力结构安全研究所等院所，打造航空航天重点研发机构群。支持重点企业联合高校院所组建创新联合体。鼓励符合条件的市场主体创建国家级技术创新中心、制造业创新中心、产业创新中心、工程研究中心。

（二）聚焦重点方向加速布局

面向商业航天低成本和批量化的发展方向，聚焦山东省航天领域的优质创新资源，布局共性技术攻关项目，形成流程化、模块化和智能化的通用基础服务平台，实现从“实验室定制研发模式”向“工业化批量生产模式”转变。结合山东省已有的卫星遥感和北斗应用基础，设立行业应用专项，推动卫星产业服务在多行业的创新与融合应用，形成可复制、可推广的产业运营新模式。围绕商业航天产业链发展，谋划布局航空遥感观测平台科技项目，着重解决产业发展痛点，带动山东省航空航天整体产业协同发展，形成融合通信、导航、遥感、物联网等功能的天地一体全覆盖网络。

（三）着力培育领军企业主体

积极招引航空航天产业“国家队”、民营领军企业在山东省设立运营总部、区域总部、研发总部和事业总部。支持企业牵头组建或参与全国性商业航天联盟，推动航空航天领域的领军企业实现高质量发展。提升火箭卫星总装制造、大飞机关联制造、通用飞机整机制造、无人机制造和空天新材料研发等方面的能力，构建产业链上下游紧密配套的大中小企业融合共生的产业生态。重点扶持航空航天装备、卫星研制、关键零部件、新材料、空天信息应用等领域创新型企业和高成长性企业发展，培育一批具备国际竞争力的制造业单项冠军、专精特新中小企业、专精特新“小巨人”企业。

第八节 人形机器人产业创新与战略发展

人形机器人融合了人工智能、高端制造、新材料等先进技术，未来有望成为继计算机、智能手机、新能源汽车之后的又一颠覆性产品，深刻改变人类的生产和生活方式，并重塑全球产业格局。目前，人形机器人技术正加速发展，已经成为科技竞争的焦点、未来产业的重要领域以及经济发展的新引擎，随着技术不断成熟和商业化落地，必将赋能千行百业，带来万亿级新兴市场，发展潜力巨大、应用前景广阔。

一、全球人形机器人产业发展趋势

（一）产业发展势能快速释放

全球人形机器人市场正处于快速增长阶段，2023 年市场规模达到 16.8 亿美元，预计到 2032 年将增至 273.3 亿美元，2023—2032 年间的年均复合增长率（CAGR）约为 34.7%。市场对人形机器人的关注重点将从产品本身逐步转向应用场景，预计将在工业场景首先实现大规模应用。近年来，中国人形机器人企业强势大爆发，优必选、乐聚、宇树等公司相继推出自有产品，在国际市场中展开竞争。根据赛迪研究院的数据，2023 年中国人形机器人产业规模达 39.1 亿元，同比增长 85.7%。在政府引导和投资驱动下，中国人形机器人产业将继续高速增长，产业规模有望在 2026 年突破 200 亿元。

（二）智能化与拟人化融合更加完美

随着人工智能技术的不断进步，特别是计算能力的提升和机器学习算法的发展，人形机器人技术正迅速成为科技革新的焦点。市场上的商业化产品越来越接近人类的外观和功能，显著提升了人机互动的深度与广度。硬件设计的成熟，加之大型语言模型如 Open AI 的技术的应用，为人形机器人的语言理解和任务执行带来了突破性进展。特斯拉的 Optimus 机器人、英伟达的 Nvidia–VIMA 系统均展示了具身智能的潜力，它们利用深度学习和强化学习算法实现了复杂环境中的自主导航、物体识别和操作。这些系统的成功不仅彰显了算法在复杂任务中的能力，也为人形机器人的未来发展奠定了坚实的基础。

（三）商业化应用落地进程逐步加快

当前，人形机器人发展方向主要面向制造业、航天探索、生活服务、高校科研等，已应用场景包括物流仓储、汽车自动化、巡逻等领域。亚马逊近期在仓库运营中测试人形双足机器人 Digit，进行卸载火车、搬运箱子、管理货架等，预计 2025 年全面上市。短期内人形机器人有望首先在汽车工厂实现商业化落地，特斯拉的人形机器人将首先放在特斯拉汽车工厂应用，优必选 Walker S 已进入蔚来汽车工厂实训，英伟达投资的 Figure AI 也将把产品放进宝马工厂进行实训。预计 2025 年人形机器人有望实现制造业场景应用突破，小批量用于电子、汽车等生产制造环境（图 2–15）。

二、中外人形机器人产业对比分析

（一）从前沿技术来看，中国在多个领域取得突破性进展

近几年，国际上主要的人形机器人研发力量集中在日本、美国、欧洲和中国等地。日本最早介入人形机器人研究，技术研发体系相对成熟；美国以卓越的工程化能力和算力基础，推动人形机器人的高机动性和智能化发展；中国起步较晚，但近年来在人工智能、语音识别、人机交互等技术方面取得了快速进步。总体来看，我国人形机器人在电机、减速器、驱动器等传统核心零部件方面与国际先进水平差距相对较小，多数零部件是在中国制造，但是正向设计能力亟待进一步提高，特别是高附加值的核心零部件方面差距仍然较大。在机器人专用芯片、传感器、仿真软件、核心控制算法等方面对外依存度高，在机器人动力学计算引擎、离线和在线规划、臂 – 足 – 眼 – 脑协同

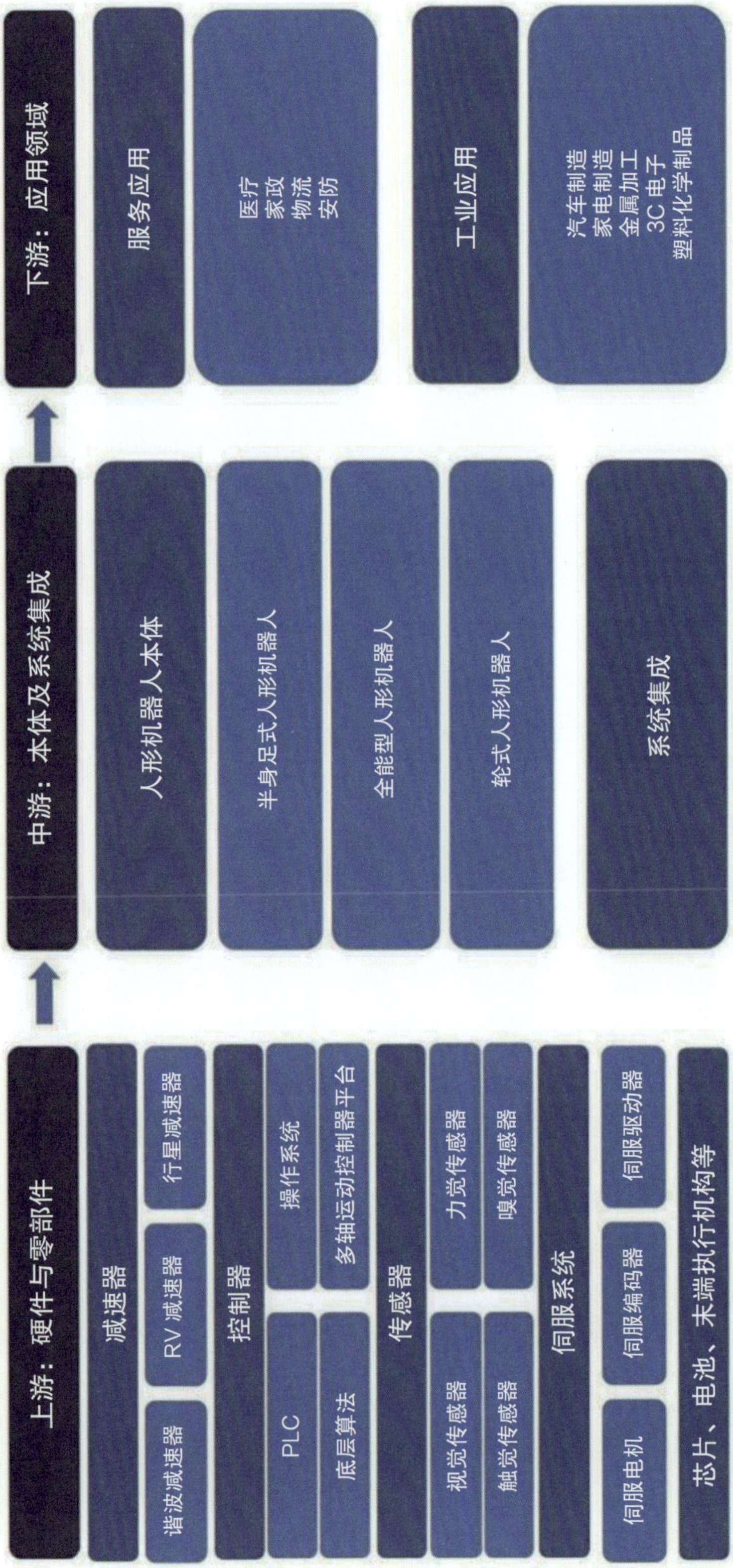

图 2-15　人形机器人产业链全景图

控制、强化学习和智能发育等核心算法方面仍处于跟跑状态。在系统集成与应用方面，产品运动性能和成本控制仍未满足市场预期，商业化之路还有待探索。

（二）从入局企业来看，中国企业已在世界舞台崭露头角

美国在人形机器人赛道占据主导地位，拥有波士顿动力、特斯拉、Agility 等知名企业；日本的软银机器人、挪威的 1X 等企业也在人形机器人领域有着较高的技术实力和市场影响力。中国的人形机器人本体企业包括优必选、达闼、傅利叶、小米等，相继推出了具有自主知识产权的人形机器人产品。在商业布局方面，国外企业的商业化布局更加多元化，涉及娱乐、陪伴、医疗、工业制造等多个领域，当前，多家国外企业已开展了商业化初试，其中 Agility 的机器人 Digit 和 1X 的 Eve 都取得了不错的成绩。国内企业进入市场的时间较晚，但随着核心技术的积累及相关产业链的完善，商业化进程明显加快。

（三）从产业链发展来看，中国产业链供应链韧性较强

国外人形机器人产业链在技术研发、供应链完善度和市场推广方面相对更加成熟和领先。日本侧重电机、传感器和减速器等方面的零部件，拥有纳博特斯克、安川电机、哈默纳科等在研发、生产和供应上具有较高地位的企业。美国则在控制系统和人工智能处理器等方面具有极大竞争优势。中国作为制造业强国，具有独立的工业制造体系和产业链，为量产人形机器人打下了基础。当前，国内许多工业机器人及汽车零部件供应商宣布入局人形机器人赛道，并计划针对人形机器人的运行特点开展相关研发工作，如三花智控、绿的谐波、拓普集团等。在中国的核心零部件供应链中，伺服电机、控制系统及减速器等部分零部件已具备一定竞争实力。

（四）从政策生态来看，国内外政策支持力度愈加增强

近几年，我国国家层面接续出台《“十四五”机器人产业发展规划》《“机器人 +”应用行动实施方案》《人形机器人创新发展指导意见》等政策文件，强调了技术创新、产业升级、融合应用和国际合作的重要性，为机器人产业的发展提供了宏观指导和战略部署。欧美和日韩地区同样注重产业发展的政策引导，在研发资金、税收优惠等方面加强政策支持，以促进企业发展。此外，美国对人形机器人安全性问题高度关注，要求厂商和开发者确保人形机器人的设计、制造和使用符合特定的安全标准，并对可能引发伦理和隐私问题的应用进行一定限制。

三、山东人形机器人产业创新现状

（一）发展人形机器人产业基础较好

山东省是制造业大省，产业体系完备、工业门类齐全。目前全省共有160多家机器人公司，业务领域涵盖机器人本体制造、软件开发、系统集成和零部件等各产业链环节，包括腿足式机器人、工业机器人、服务及特种机器人等，产业规模超过200亿元。在产业链上游，济南新松、亚历山大、德晟机器人，淄博纽氏达特、遨博等企业在核心零部件、基础操作系统、传感器、控制器、配套软件、核心算法等方面具有很好的基础。在产业链中游，已涌现出山东优宝特、优必康科技、青岛钢铁侠、潍坊乐聚等代表性企业，威高集团、歌尔集团、海尔集团等大型企业也分别在手术机器人、工业机器人、家庭机器人等领域开展布局。在产业链下游，山东省乃至全国对于人形机器人的应用场景尚处于探索阶段，尚未实现人形机器人大规模商业化生产和应用。

（二）重大创新平台建设加快推进

山东省拥有山东大学机器人研究中心、山东省机器人与智能技术重点实验室（山东科技大学牵头建设）、山东省工业技术研究院（济南市、山东大学联合设立）、山东省机器人跨平台智能控制技术重点实验室（依托山东新松工业软件研究院股份有限公司建设）等一批创新平台。山东大学机器人研究中心于2010年开始进行高性能腿足式机器人研究，在腿足机器人高动态运动控制、强化学习和智能发育等核心算法方面处于国内领先水平。山东省机器人与智能技术重点实验室由山东科技大学牵头建设，主要开展工业机器人、特种环境作业机器人研究，成功研发出我国首例“机器人鼠”和世界首例“机器人鸟”，处于国际领先水平。山东省工业技术研究院建设了机器人与智能装备协同创新中心和人工智能装备系统协同创新中心，研发的工业、服务业、建筑业、高性能四足仿生机器人等多种智能机器人控制系统及机器人本体，实现玻璃纤维无人化机器人质检系统、车间机器人自动化物流配送、智慧医疗、智能建造等多场景应用示范。山东省机器人跨平台智能控制技术重点实验室由山东新松工业软件研究院股份有限公司筹建，重点突破先进运动控制、智能感知等技术，已实现跨平台智能控制系统与产品的规模化工程应用。

（三）优势企业不断培育壮大

山东省拥有济南优宝特、潍坊乐聚、青岛钢铁侠、淄博纽氏达特、济南亚历山大、国华（青岛）、淄博遨博、聊城华曼诺特、日照创泽、青岛宝佳智能、烟台艾创科技等一批人形机器人产业上下游企业（代表性企业见表 2-8，地区分布见图 2-16），在人形机器人整机、控制系统、伺服系统、减速器等机器人整机、核心零部件等方面具有一定基础。济南优宝特专业从事人工智能、特种机器人的技术研究与产品开发，完全掌握电机驱动型、液压驱动型、电液驱动型的四足仿生机器人关键技术。潍坊乐聚是乐聚（深圳）机器人全资子公司，成为乐聚的人形机器人重要生产基地。青岛钢铁侠是北京钢铁侠科技有限公司（国内第一家从事双足大仿人机器人研发的企业）的子公司，致力于将智能机器人产业化。国华（青岛）专注于精密谐波减速器、精密行星丝杠、人形机器人关节研发。淄博纽氏达特主要产品有机器人行走轴、桁架机器人，广泛应用于机器人、智能物流、新能源等领域，是省内最大的机器人减速器生产商。济南亚历山大是国内首个生产下一代机器人通用操作系统的企业，资源占用率、云边协同等性能方面达到国际先进水平。日照创泽智能机器人致力于人工智能及信息技术领域的创新研发，成功入选工业和信息化部“新一代人工智能产业创新重点任务”揭榜单位，开展智能公共服务机器人项目技术攻关。

表 2-8　山东省主要人形机器人科技企业

序号	企业名称	城市
1	山东优宝特智能机器人有限公司	济南
2	山东亚历山大智能科技有限公司	济南
3	青岛钢铁侠科技有限公司	青岛
4	国华（青岛）智能装备有限公司	青岛
5	青岛越疆智能科技有限公司	青岛
6	淄博纽氏达特行星减速机有限公司	淄博
7	遨博（山东）智能机器人有限公司	淄博
8	乐聚（山东）机器人科技有限公司	潍坊
9	创泽智能机器人集团股份有限公司	日照
10	华曼诺特智能科技（山东）有限公司	聊城

（四）顶尖人才团队引育集聚增强

精准支持引进高层次人才。实施顶尖人才集聚三年行动，建立用好顶尖人才引进“直

山 东 省

山东省标准地图

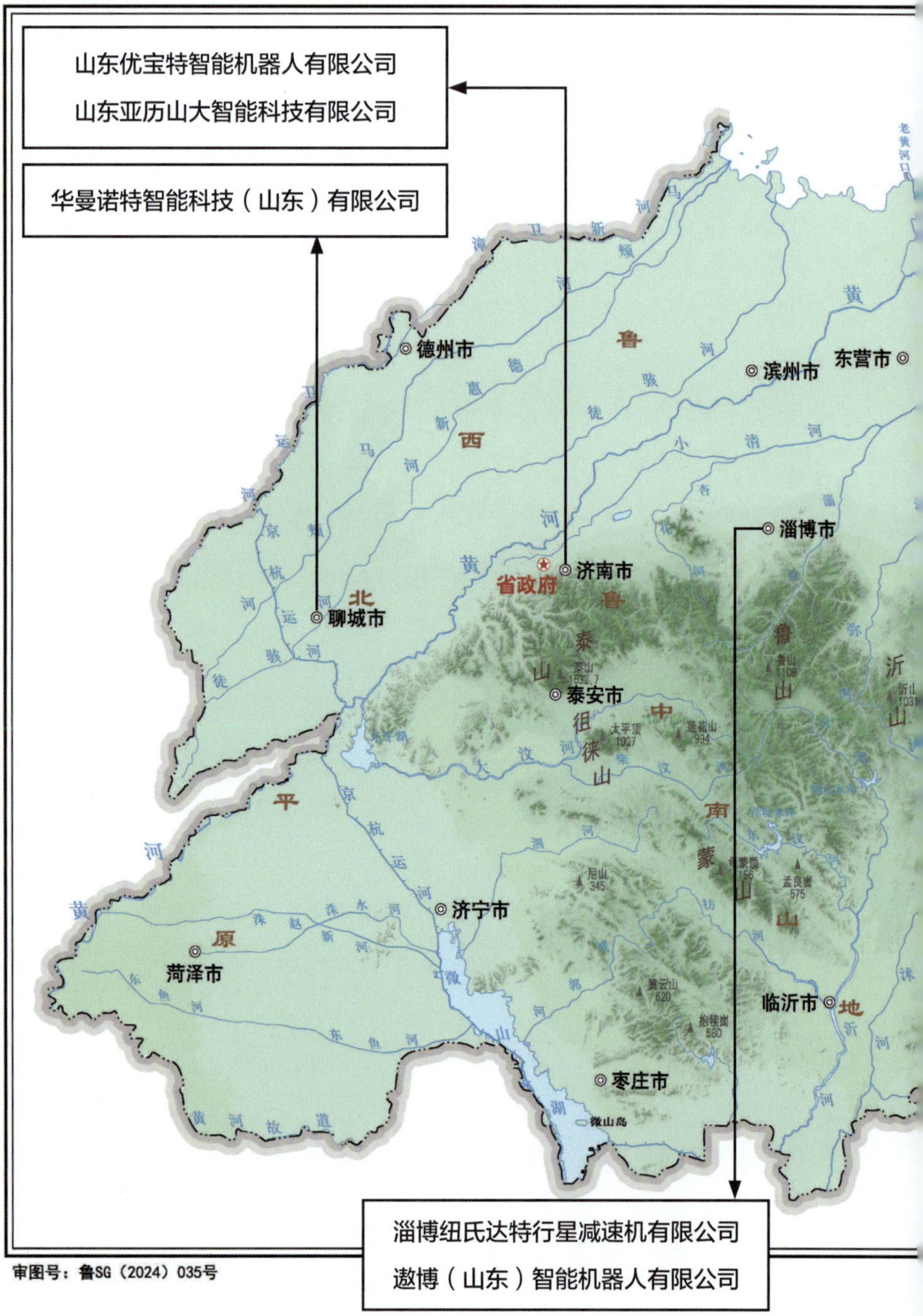

审图号：鲁SG（2024）035号

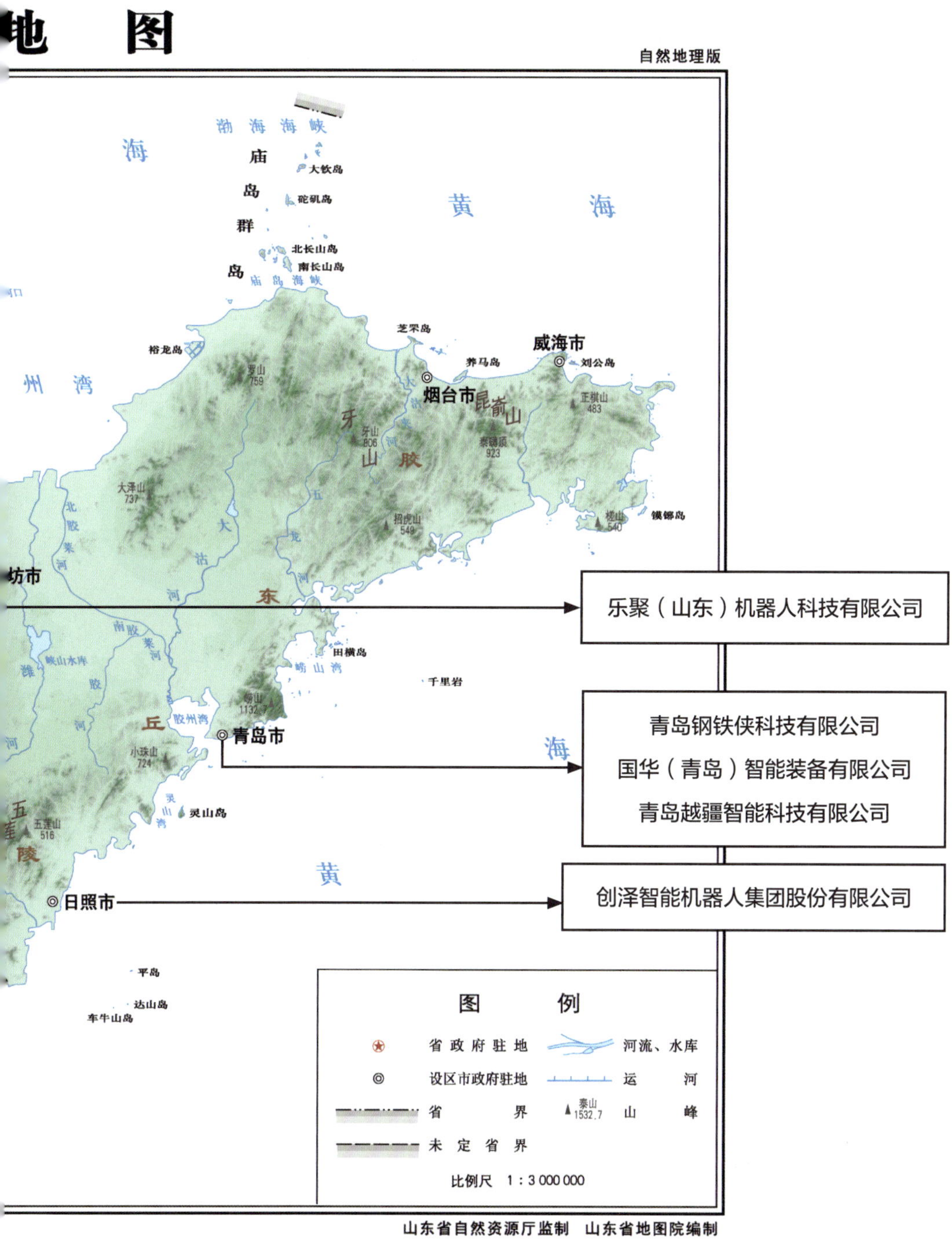

图 2-16　山东人形机器人产业地区分布

通车”机制，深化领军人才“筑峰计划”，强化泰山人才工程布局，加大人才引进力度。为符合条件的高层次人才发放“山东惠才卡”，提供绿色通道服务便利，提升政策兑现信息化便利化程度，为人才发展提供全方位保障。培育壮大产业人才力量。深入实施“卓越工程师培育专项行动”，扩大工程硕博士培养改革试点规模。实施“技能兴鲁”百万工匠培育行动，每年开展不少于100项职业技能竞赛活动。积极推动人才融入产业、服务产业。启动提升重大科技创新平台人才效能、支撑现代化产业体系建设三年行动，支持30家左右高能级平台与企业紧密结合起来，联合组建高水平人才团队，协同开展产业关键核心技术攻关。建设山东科技大市场，打造高水平技术经理人队伍，更加敏锐地捕捉产业链需求，精准引导人才创新、加速促进成果转化。通过高校院所、创业企业和人才引进等，目前，山东省已拥有国华（青岛）团队、山东大学机器人研究中心和机械学院团队、华狮智能机器人团队等一些高层次人才队伍，在机器人关节、机器人设计与系统优化、机器人控制系统等方面具有一定的研究基础。

然而，整体来看，山东省人形机器人产业发展仍面临一些问题。一是自主创新能力相对薄弱。省内企业多面向传统机器人产业，人形机器人公司多为国内龙头公司的山东分部或生产基地，整机研发尚处于起步阶段，尚缺乏代表性的人形机器人整体研发企业。二是上下游产业链不完善。芯片、减速器等核心零部件仍被国外企业占据主要份额，国内核心零部件龙头企业大部分位于北京、广东和浙江，山东全省虽然有160家机器人企业，但产量仅4.8万台，占全国11%，低于广东（8.7万台、20%）、江苏（8.2万台、19%）、浙江（5.1万台、12%）。三是综合性研发平台相对缺少。人形机器人涉及人工智能、软件开发、电子信息、机械制造等多个学科，需要综合性研发平台支撑。北京、上海、深圳等聚集人形机器人优势企业、高校、研究机构等社会资源积极创立人形机器人综合创新平台，山东省尚未实现有效的优势整合。四是精准政策有待进一步完善。人形机器人作为未来10年发展“新风口”，北京、上海、深圳、重庆都将其视为“黄金赛道”，出台了一系列支持措施。山东省需从省级层面强化顶层设计、汇聚资源，研究支持人形机器人产业发展的具体路径和措施。

四、山东人形机器人产业战略发展路径

（一）加快推进关键核心技术攻关

综合山东省在人形机器人领域的技术产业基础和产业现状，重点布局人形机器人

核心零部件与核心控制算法等关键技术攻关，梯次布局人形机器人产品研制与系统开发。一是着重突破产业发展技术瓶颈，支持人形机器人骨干企业联合应用企业围绕人形机器人共性关键技术、关键核心零部件（旋转 / 直线作动器、灵巧手与末端执行器、高性能运动控制器、多模环境感知系统等）进行攻关，支持机器人操作系统研发企业从底层打造具有自主知识产权的机器人操作系统，打造底层操作系统支撑、关键零部件保障、整机系统应用的链条式产学研用攻关机制，建立集技术攻关、产业化中试、应用验证及产业孵化于一体的创新体系。二是攻关产业发展重点产品，开展人形机器人高密度执行器、控制器、动力能源、整机系统等重点产品的研究。重点突破高功率密度液压伺服执行器，开发紧凑型液压马达、缸体、泵、阀以及一体化单元产品。攻克高力矩密度减速器、高功率电机和伺服驱动器等关键技术，打造高精度电驱动执行器，研发电驱动旋转关节和电推杆产品。同时，开发具备高动态运动驱动和高速通信功能的专用芯片，研制“感 – 算 – 控”一体化的高性能运动控制器。研发支持多模态空间感知、行为规划和自主学习的智能芯片，提升人形机器人协调控制能力。突破高能量密度电池、智能电源管理和电池组优化技术，开发高能效、高紧凑的动力总成产品，提高人形机器人的续航能力和环境适应力。围绕类人外观、双腿行走和双臂灵巧操作等功能，建立人形机器人的基础软硬件架构，打造通用平台；研发低成本交互型、高精度型及高可靠性的人形机器人。

（二）强化产品示范应用带动

在人形机器人核心零部件、核心控制算法及整机研制取得突破的基础上，前瞻性围绕人形机器人专用传感器、基于大模型的整机研发与场景应用等方面的布局，研发具有完全自主知识产权的系统解决方案，形成一批省内的自主品牌特色产品，并推进相关标准制定。一是推进人形机器人专用传感器的研发，开发集成高精度仿生视觉和类脑处理算法的视觉传感器，推出宽频响且高灵敏度的仿生听觉传感器，研发具有高分辨率和多点接触检测功能的仿人电子皮肤，推出高灵敏度的仿生嗅觉传感器，形成完整的人形机器人传感器产品体系。二是开展 AI 大模型人形机器人交互研究，开发 NLP 大模型如 ChatGPT、Gemini 等，加速人和机器人之间的自然语言交互进程；开发 CV 计算机视觉大模型，提升机器人的环境感知能力；开发多模态大模型，使机器人具备各感官融合决策的能力，提升机器人的推理决策功能。三是加快推进场景应用。聚焦医疗养老、教育服务、应急救援、建筑和工业制造等场景，结合具体场景应用需求，支持企业与客户深度耦合，培育一批典型的人形机器人应用场景。通过示范应用，开发低成本交互型、高精度型以及适应极端环境的高可靠型人形机器人整机产品，推动技术攻关和产业化进程。

（三）持续加强多要素保障

针对人形机器人产业上下游产业链不完善、综合性研发平台相对较少、科技资金支持力度不足、高层次人才缺乏等问题，探索在多要素保障上给予倾斜。一是建设协同创新平台，立足济南、青岛机器人产业集聚优势，发挥省内龙头企业、高校院所作用，引导建立省级人形机器人领域协同创新平台，聚焦行业共性关键技术，在关键部件自主研发、多模态大模型研发、产业链整合等方面发力，为企业、高校等提供产品开发所需的平台和设备，做好创新成果转化、产业生态培育、特色企业孵化、专业人才培养等工作，加快推动整机产品落地。二是培育优质企业，强化企业在创新中的主导作用，支持发展具备生态引领力和全球竞争力的人形机器人“链主”企业，推动产业创新资源的集聚。加大对人形机器人关键部件、特色化集成及场景化应用等企业的培育力度，促进一批专精特新的“小巨人”企业、制造业单项冠军企业和独角兽企业的崛起。推动大中小企业之间的融合与协同发展，打造有利于企业成长的良好环境，建设安全可靠的产业生态。三是加强科技金融支持，鼓励省新旧动能转换基金、省科技股权投资以及社会资本和金融产品如“鲁科贷”“鲁科担”“鲁科保”支持人形机器人项目，助力高校、科研院所和科技企业进行相关的基础研究和产业创新。四是加强人形机器人相关学科和专业的人才培养，鼓励企业与高等院校、科研机构合作，创新产学研合作模式，共同培养跨学科、复合型和工程型人才，提升高水平人才供给。加大职业教育和技术再培训力度，积极培养产业应用型人才。同时，加强高端人才的海外交流与引进，完善人才服务体系，确保人才能够引得来、留得住。

第九节 深海高端装备产业创新与战略发展

深海高端装备指应用于深海空间及资源的感知、认识、理解、进入、探测、开发、应用和管理的体系化装备，主要包括深海运载装备、深海调查仪器、深水油气开发装备、深水矿产开发装备、深远海养殖装备以及关键通用技术等。作为山东省前瞻布局的未来产业之一，深海高端装备产业亟须进一步抢占新赛道，争取在新一轮科技革命和产业变革中占据制高点，培育和壮大新的增长点，构建区域竞争的核心优势。

一、全球深海高端装备产业发展趋势

（一）深海高端装备领域趋向于前瞻性和引领性

目前主要有两大类高端装备面向深海，一类是深海科考装备，另一类是深海矿藏开采装备。海洋科考装备在海洋装备中具有前瞻性、引领性等特点，技术集成高精尖，多学科交叉紧密。海洋科考装备不仅体现了海洋科研技术水平，还反映了满足海洋防灾减灾、环境保护、资源开发和安全保障等需求的科研基础设施建设能力，此类装备的技术突破将带动其他海洋装备的创新发展。目前，欧美国家和日俄等海洋强国的海洋科考装备在国际上仍处于领先地位。我国自主研发的海洋科考和资源开采装备已取得显著突破，部分设备已达到国际领先水平，更好地满足了我国在科学认知海洋、开发利用海洋、主动保护海洋及有效管理海洋等方面的需求。

（二）深海科考装备趋向于多功能化与集成化

在深海科考装备领域，主要有科考船类、潜水器类、浮标潜标类等多个门类的科考装备。第一，科考船方面，目前世界上主要有海洋科研强国，如美国、俄罗斯、英国、德国、日本、挪威等，规模较大，具有多功能、多用途的海洋科考船。其中科考船队以美国为最强，长度在 30 米以上的船只就有 70 多艘。我国已经建造了多艘具有较强海洋科研能力的科考船，如“嘉庚”号和“东方红 3”号等，这些船只大多由我国自行设计建造，具备与国际先进水平相媲美的装备、功能实现和环境适应能力。第二，在潜水器领域，国际上已有多种具备全海深潜能力的载人潜水器，例如美国的“阿尔文”号、“极限因子”号，俄罗斯的 MIR 系列，日本的“深海 6500”号，以及法国的“鹦鹉螺”号等。目前，万米级载人潜水器仅有美国拥有，日本正在筹划建造。我国则已先后建造了“奋斗者”号、“海斗”号、“悟空”号等潜水器，并成功实现了载人潜水器和无人潜水器的 10 000 米深潜。目前，中国已经具备了科考能力和作业能力，进入了世界大洋的最深处。第三，在浮标和潜标方面，ARGO 浮标是目前世界上发展最快、应用最广泛的浮标，其先进技术主要被美国和日本所掌握。与潜标相关的先进技术目前主要被西方国家所掌握，如加拿大、美国、德国和英国等。我国在海洋浮标技术方面开展研究较早，目前已构造浮标业务化网络。在潜标研制方面起步较晚，但发展迅速，已经可以建造海底潜标系统，实现 6000 米的数据实时传输，而且现在还有几个潜标装置在进行海上试验。

（三）深海矿产资源开采装备趋向于大型化与标准化

在深海矿产资源开采装备领域，核心装备主要包括深海采矿船和海底采矿车。首先，在深海采矿船方面，各国已开始开发用于海洋矿产资源采掘的采矿船，大多数是通过改造大型工程船或运输船而成。全球目前仅有“鹦鹉螺新纪元”号为专门为深海矿产资源开发而设计和制造的采矿船。该船由加拿大鹦鹉螺矿业公司与中国福建马尾造船有限公司合作制造，代表了中国在深海采矿船制造技术方面的领先水平，具备水下作业装备布放回收系统、矿物脱水系统、矿物储存转运系统以及中压双级智能环形供电系统等先进技术。其次，在海底采矿车方面，国外的研究重点是履带式深海采矿车。2017 年，加拿大鹦鹉螺矿业公司完成了水下开采多金属硫化物的试验，推出了最新款履带式采矿车。2021 年，比利时 GSR 公司在水深 4500 米处完成了履带式采矿车的行走试验；同年，印度 NIOT 也在水深 5270 米处完成了矿机的移动性能和操作性能测试。我国自主研发的首台深海矿车采用了全球领先的主动式水射流和刮板输送分离装置复合成矿头与水力机械复合成矿模式，填补了我国在深海矿车领域的空白，标志着我国在该领域的技术突破。

（四）深海高端装备产业链趋向于国际化和智能化

深海高端装备产业链涵盖设计、制造、测试、维护等多个环节。为了实现高效、优质的生产和服务，产业链上的企业需要整合全球资源，构建全球供应链。上游环节包括材料与配套设备、核心零部件、关键技术研发等。中游产业链主要包括勘探、资源开发、能源开发等装备制造与集成。下游环节主要涉及深海资源、生物资源、碳资源开发应用。深海高端装备领域的产业链见图 2–17。

二、中外深海高端装备产业对比分析

我国在深海高端装备领域取得了显著的进步，但与国际先进水平仍存在一定差距，具体表现在核心技术水平、高端专业平台数量以及市场空间等方面。

（一）我国深海高端装备领域核心技术水平有待提升

一是在新型高端装备设计方面，当前海洋工程装备设计和高端制造领域主要由欧美国家主导，我国在新型海洋装备设计方面尚未具备完全的自主设计能力，如多功能自升式平台、立柱式生产平台和浮式 LNG 生产储卸装置等。目前，我国在海洋工程装备设计和高端制造领域仍处于初步阶段，加之国内施工经验的不足和自主设计能力的欠缺，导致在新型高端装备的设计领域仍存在空白。二是与国际先进水平相比，我国在深海水下技术设备的产品精度和可靠性方面仍存在差距。国产水下装备的材料和零部件的应用效果及耐久性较差，这受到基础研究薄弱和通用技术水平限制的影响。例如，国产深海设备的漆设计使用年限为 5~6 年，而国际同类高端产品的使用年限可达 8 年。此外，我国生产的千米级水密接插件在主要性能指标上与国外同类产品存在较大差距。

（二）我国深海高端装备领域的高端专业平台数量匮乏

美国在深海高端装备领域拥有众多世界领先的科研机构和平台，这些机构不仅具备强大的研发能力，还积极参与国际合作，共同推动深海技术的发展，代表性机构如下。

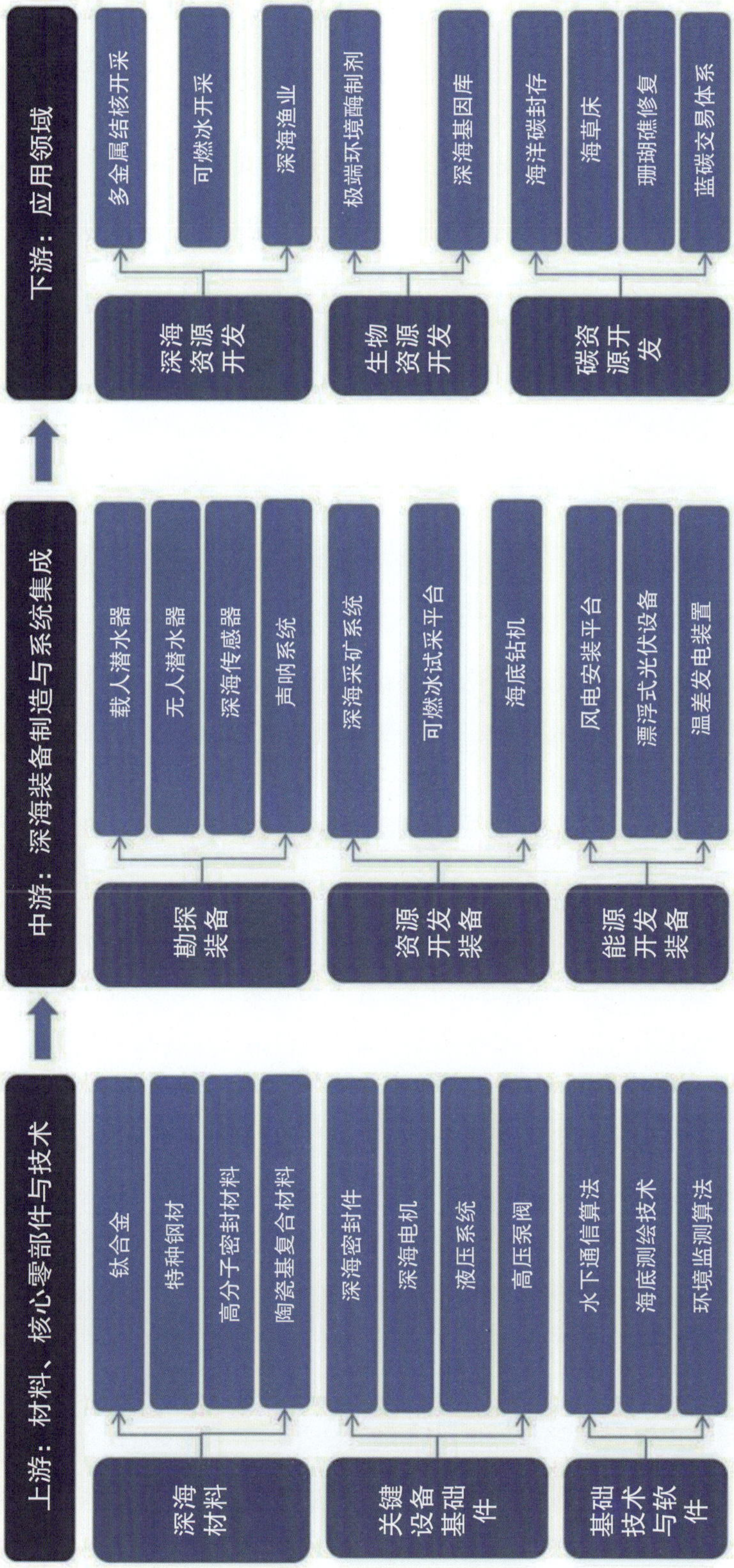

图 2-17　深海高端装备产业链图谱

伍兹霍尔海洋研究所（WHOI）作为美国乃至全球顶尖的海洋研究机构之一，在深海探测、海底地质、海洋生物学等多个领域取得了卓越成就。该机构拥有先进的深海装备和技术，如深海潜水器、海底观测网络等。凭借深厚的积淀，MIT 的海洋工程系和海洋科学中心不断推陈出新于深海科技领域。该学院的研究人员致力于开发新型深海装备和技术，如深海机器人、水下传感器网络等，以应对深海探索的挑战。美国国家海洋和大气管理局（NOAA）是美国政府主管海洋和大气资源的机构，其下属的多个实验室和中心在深海观测、预报和评估方面扮演着重要角色。NOAA 还与其他机构合作，共同建设深海观测网络和数据共享平台。我国在深海装备领域有多个关键平台，但这些平台所在的行业领域各不相同，缺乏更紧密的协同分工，尤其是国家级高端专业平台方面的缺乏，导致产品研发偏重定制化，且生产企业规模小、分散，难以形成产业规模并实现市场化生产。

（三）我国深海高端装备领域的市场空间狭窄与需求潜力巨大的错位并存

一是中国现有的深海水下技术设备市场空间相对狭小。虽然我国深水装备的运行能力、高端制造能力和智能化水平不断提升，但国外相关企业在深海水下井口系统和水下采油树等领域占据主导地位，其技术和市场影响力较强。二是深海水下技术和装备有很大的需求潜力。随着深潜探险、深海考古和观光旅游等新兴领域的发展，以及“一带一路”建设的推进，对大型高质量水下工程技术装备的需求急剧增加。

三、山东深海高端装备产业创新现状

山东省在深海高端装备领域的产业创新现状呈现出蓬勃发展的态势，主要体现在企业数量和发展前景、重大创新平台建设、高端人才集聚以及园区载体等方面。

（一）相关企业数量众多，产业发展前景广阔

山东省深海高端装备与科技企业的布局主要集中于青岛、烟台等地，这些企业在研发与制造方面展现出强大的实力（代表性企业见表 2–9，地区分布见图 2–18）。其中，青岛汉缆股份专注于海缆（尤其是光纤复合海缆）、脐带缆及动态海缆的研发与生产，技术领先。烟台中集来福士海洋工程有限公司成功交付了世界最新一代超深水半潜式钻井平台“蓝鲸 1”号，彰显了山东省在深海装备领域的国际竞争力。与此同时，潍坊

山　东　省

山东省标准地图

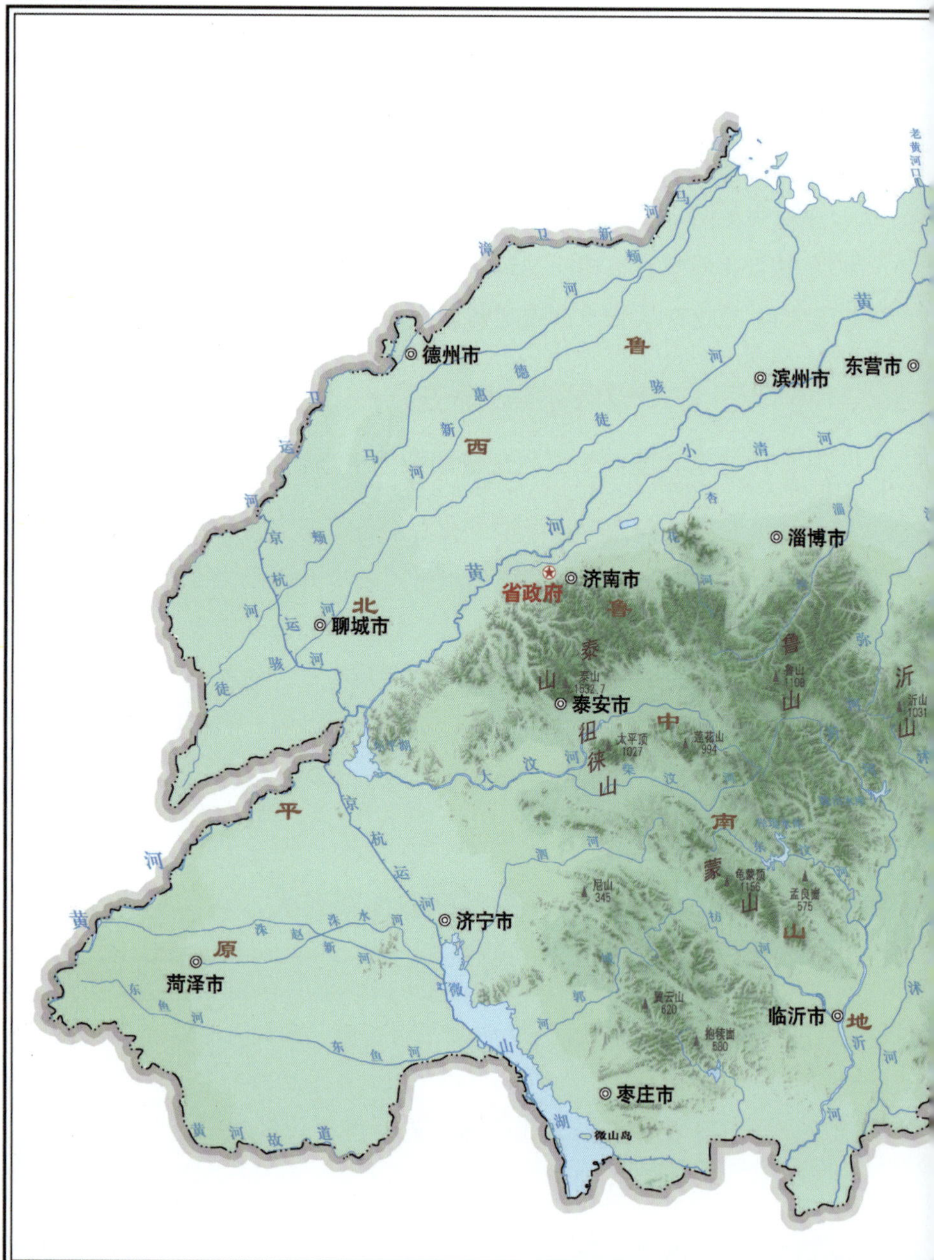

审图号：鲁SG（2024）035号

图 2-18　山东深海高端装备产业地区分布

豪迈集团、济宁山东兖矿轻质合金有限公司等也在深海隔水套管、高强度铝合金材料等领域取得了显著成果。全省范围内，众多中小企业深耕潜水器、浮标、海洋传感器等关键领域，如青岛蔚海明祥科技有限公司研发的万米级无人自主“海燕”水下滑翔机，山东未来机器人有限公司实现全套设备上万种零部件全部国产，深海机器人国内市场占有率达 60%，产品已囊括 50 余种型号，包括国内首创的大水深抗强流深海铺缆机器人、首次突破深水作业级 ROV 耐高压的深海 3500 米悬浮作业机器人等。

表 2-9　山东深海高端装备产业代表性企业

序号	企业名称	城市
1	海洋石油工程（青岛）有限公司	青岛
2	中石化经纬有限公司	青岛
3	青岛汉缆股份有限公司	青岛
4	青岛蔚海明祥科技有限公司	青岛
5	青岛海山海洋装备有限公司	青岛
6	青岛森科特智能仪器有限公司	青岛
7	青岛海研电子有限公司	青岛
8	青岛国数信息科技有限公司	青岛
9	烟台中集来福士海洋工程有限公司	烟台
10	山东宏洲海洋工程	烟台

（二）重大创新平台数量稳步提升，科技创新能力持续增强

全省对深海高端装备重大创新平台给予高度重视。在科研机构平台方面，省内汇聚了众多国内海洋领域的顶尖高校和院所，包括崂山实验室、中国海洋大学、中国科学院海洋研究所等。中国海洋大学紧密围绕国家重大战略需求和区域发展布局学校科技创新重点方向，自主研发了一系列高可靠性深海潜标，组织了 30 余航次、1000 余天的总航时，有力推进了深海科学与深海技术协同发展进程。中国石油大学（华东）在海洋深水钻探井控关键技术与装备方面，针对海洋深水钻探安全钻井压力窗口窄导致井控事件高发的世界性难题，提出了主动井控新方法，并创建了多相流深水钻探井控理论模型。中国科学院海洋研究所开发的“中科海开拓”系列深水可视化可控沉积物柱状取样系统，创新性地颠覆了传统的重力活塞取样设计原理，降低了对作业海况等

级的要求，显著提升了海上作业的安全性。在企业创新平台方面，由中石化胜利石油工程有限公司主导的山东省海洋油气钻采关键装备技术创新中心，成功研发了海上可移动式自安装井口平台，具备全天候井口支持、修井支持、生产计量、原油外输和注水等多项功能。国内首艘海上可移动式井口平台“海洋石油 163”亮相央视新闻，该技术突破了海洋边际油田开发的技术难题，标志着我国在海洋边际油田开发领域取得了新的突破。

（三）重点产业集聚成势，园区不断释放动能

山东省在深海高端装备领域拥有多个重点园区载体，这些园区通过集聚优质企业和资源，推动了深海高端装备产业的快速发展。一是海洋高端装备产业园区，位于青岛西海岸新区。该园区专注于海洋高端装备的研发、制造和测试，涵盖船舶与海工装备、海洋能开发利用装备等多个领域。以年产 50 万吨“液态黄金”功能性新材料等引领橡胶轮胎产业绿色发展的项目为主，总投资达 202 亿元的园区国橡中心功能性新材料产业园项目。此外还入选了多个省级和市级的重大项目，总投资额位居全市首位，该区域在海洋高端装备领域显示出强劲发展势头。二是威海经济开发区，该区招商局金陵船舶（威海）在 LNG+ 电池混合动力高端客滚船领域取得了全球领先的地位，无论是交付量还是手持订单量均居世界首位，在海洋高端装备领域彰显了山东省的雄厚实力。三是蓬莱海工装备产业园，位于蓬莱经济开发区的中国（蓬莱）海上风电国际母港（规划面积 6.5 平方千米），重点发展新能源产业，在园区内布局了重装港区、大件制造区、配套园区和综合服务区四大功能区域，形成了海上风电完整产业链。海上风电产业基地现已建成，先后被评为山东省海洋工程特色产业集聚区、烟台市清洁能源海上风电专业园、烟台市海洋风电专业园等多项荣誉称号。在此基础上，以中国（蓬莱）海上风电国际母港为核心制造先导区，加快建设总规划面积 19 平方千米的蓬莱海工装备产业园，全力打造“千亿级海洋工程全产业链集群”。

然而，山东省在深海高端装备领域仍然存在核心技术创新能力不足、产业结构与产品体系不完善、人才支撑与科研投入不足等问题，亟须加大核心技术研发投入，完善产业结构与产品体系，并加强人才培养和引进工作，以提升深海高端装备领域整体产业竞争力和市场地位。

四、山东深海高端装备产业战略发展路径

为加快发展山东省深海高端装备产业，建议从前瞻布局方向、打造产业集群高地、核心技术攻关、政策支持等方面发力，抢占未来产业新赛道。

（一）明确优先发展方向和前瞻布局方向

优先聚焦海洋监测、深海材料、深海器件等方向，重点研发超高强耐腐蚀材料、高性能换能器、高稳定电阻器、深海水下连接器等关键材料与核心器件，攻克海底着陆技术、自主对接技术、深海环境防腐蚀技术、水下耐高电压和高可靠绝缘技术、动态压力平衡补偿技术等关键核心技术。前瞻布局深海资源开采、深海海底探测等方向，重点研发深海采矿商业化试采关键装备技术、深海海底探测技术，攻克超大系统数字化智能监控技术、深海矿产安全、高效、低扰动智能采集关键装备技术等，预期形成满足5000米级商业化试采的核心装备等一批标志性产品。

（二）开展核心技术攻关和成果转化

围绕长续航、多尺度水下运载平台，智能感知、集群协同、精细探测、多功能作业等深海调查作业设备，超深水 / 超深层海洋油气安全高效开发，深海材料、结构、动力、能源、通信、定位等通用技术开展关键技术攻关。依托青岛船舶科技园、哈尔滨工程大学等孵化器，加快推进水下智能无人装备产业化。激光雷达、水下拉曼光谱仪等海洋仪器的研发与转化，依托中国海洋大学、中国科学院海洋研究所、山东省科学院海洋仪器仪表研究所等机构协同推进。

（三）打造具有国际竞争力的深海高端装备产业集群高地

发挥中集来福士等龙头企业作用，研发掌握大国重器。着力培育山东省企业规模化发展，加强水下滑翔机、Argo浮标等产品研发，开拓全球市场。吸引和汇聚、引导和扶持陆地空天高科技力量下海，加快形成山东省深海技术及装备发展的新质能力。充分发挥深海高端装备技术瓶颈突破和产业发展支撑平台作用。加强重大基础设施建设。在深水、无人、智能等前沿方向，面向装备自主研发，加快布局一批深海重大科学装置，建设深远海科考船共享设施、超算等重大基础设施。

（四）加大政策配套力度

加快编制和出台深海领域产业创新发展计划，研究制定从关键技术到产业化的发展路线图，并出台相应的扶持措施，建设有利于产业化的软环境。建立多元化深海产业融资机制，在落实各项税收优惠政策方面加大资金投入。设立深海领域攻关专项，开展重大技术难题攻关。鼓励股市、债市等直接融资市场对深海产业发展的支持。创造条件让外来资本和民营资本在可控的情况下进入深海行业，畅通融资渠道。

第三章
战略研究篇

山东未来产业创新发展战略与路径

第一节
山东未来产业创新发展面临的挑战与战略研究

未来产业是重大颠覆性技术创新驱动所形成的先导性产业，是现代化产业体系的主要组成部分，逐渐成为重塑全球创新版图与经济格局最活跃的变革力量。党中央、国务院高度重视前瞻布局未来产业，国家有关部门和地方省市先后出台未来产业相关的政策措施，大力推动未来产业布局发展，培育更多新质生产力。为深入贯彻习近平总书记对山东“走在前、挑大梁”的重要指示，本章立足山东、面向全国、放眼世界，聚焦未来产业发展，梳理山东未来产业创新发展现状，分析山东省面临的问题，提出相关对策建议。

一、山东未来产业布局与发展基础

（一）省委、省政府高度重视前瞻布局未来产业

山东省在全国率先成立省委科技创新委员会，对科技创新工作进行系统部署，科技创新体系整体效能得到优化提升。2022 年 11 月，山东省委、省政府印发《先进制造业强省行动计划（2022—2025 年）》，强调积极前瞻布局未来产业，聚焦生命科学、量子信息、基因技术、未来网络、深海空天开发、氢能与储能等领域，着力打造未来技术应用场景，加快推动创新突破和融合应用。2023 年 1 月，山东省委、省政府印发《山东省建设绿色低碳高质量发展先行区三年行动计划（2023—2025 年）》，提出前瞻布局未来产业，着力构建新动能主导的现代产业体系。2023 年 7 月，山东省工业和信息化厅会同五部门印发《山东省未来产业培育发展行动计划》，聚焦国家有需要、市场

有前景、山东有基础的未来制造、未来信息、未来材料、未来能源、未来空间、未来健康六大领域，推动未来产业培育发展。2024 年以来，山东省出台《科技创新引领标志性产业链高质量发展实施方案（2024—2027 年）》《关于科技创新引领未来产业布局 培育发展新质生产力的实施方案》等指导性文件，制定人工智能、集成电路、工业母机、新能源、新材料、低空经济、现代海洋、生物医药、生物育种、盐碱地综合利用等 13 个重点领域的三年创新行动计划，对未来产业重点领域发展做了更深入、更具体的规划。2024 年底，省委经济工作会议指出，充分发挥科技创新引领作用，加快建设现代化产业体系，更大力度统筹推进传统产业改造提升、新兴产业培育壮大、未来产业超前布局。2025 年省政府工作报告中指出，创新发展未来产业，深化“人工智能+”行动，建好中国移动齐鲁创新院等平台，打造大模型产业生态集聚区；加快培育济南量子科技、青岛深海空天、烟台商业航天等特色园区，高标准建设未来产业先导区。

（二）科技创新力量为未来产业发展提供坚实保障

2024 年，山东省全社会研发投入增长 9.4%，高于全国 1 个百分点。崂山实验室阶段性任务顺利完成，山东高等技术研究院基础研究取得重要成效。新增全国重点实验室 15 家，总数达 36 家。新建空天信息、铝产业先进制造省实验室，重组省重点实验室 249 家。新增微纳制造国家级制造业创新中心。新增国家级领军人才 435 人、省级领军人才 947 人，住鲁两院院士和海外学术机构院士达到 168 人。高新技术企业突破 3.5 万家，科技型中小企业达 5 万家，高新技术产业产值占比预计提高 1.5 个百分点左右。35 项成果获得国家科学技术奖，发明专利授权量增长 15.4%。全球首列碳纤维地铁列车投入商运，12 英寸碳化硅衬底、超大尺寸铌酸锂晶体全球首发，全球运力最强固体火箭引力一号点火升空，全球最大直径智能盾构机“山河号”投用，亚洲首艘圆筒形海上油气生产装置“海葵一号”交付运营，潍柴柴油机热效率第四次刷新世界纪录，一类靶向抗癌新药“齐倍安”获批上市，20 万吨聚烯烃装置、高强高模碳纤维材料打破国外垄断，新一轮找矿突破战略行动探获全国首个亿吨级富铁矿。

（三）多项举措共同发力推动未来产业培育发展

在科技创新方面，2024 年，山东省聚焦“科技创新引领产业高质量发展”主线，强化高质量科技供给，布局实施 29 个重大基础研究项目和 124 个重大科技攻关项目，加速实施“氢进万家”“北斗星动能”等 28 个科技示范工程，一批关键核心技术实现突破。在成果转化方面，2023 年，山东省启动了“山东好成果”遴选发布工作，发布了2023年、2024年度山东省十大科技创新成果榜和山东省科技创新成果提名榜。山东科技大市场顺利投入运营，已入驻科技服务机构751家、企业4.5万家，举办成果对接、洽谈交流等活动87场次，市场交易额突破11亿元。在产业培育方面，2023年12月，山东省发展和改革委员会公布了山东省未来产业集群名单，认定潍坊市元宇宙产业集群等15个集群为省级未来产业集群。在体制机制改革方面，2024年3月27日，山东省第十四届人民代表大会常务委员会第八次会议第二次修订了《山东省科学技术进步条例》，该条例于2024年5月1日起实施。条例紧扣科技创新这一主线，在多个层次对加快发展新质生产力提出明确要求。

（四）未来产业培育发展的有关成效

近年来，山东省科技创新工作不断实现新突破，在未来产业领域引领推动了一批前沿技术走向市场。如，元宇宙领域，歌尔在整机轻量化、光学模组、散热模组等方面取得技术突破，中高端VR头显出货量占全球80%以上；人工智能领域，海尔智家HomeGPT获得中国信通院大模型能力“4+级”评价，是首个获该评级的智慧家庭领域专业模型；生物育种领域，舜丰生物高油酸大豆获得全国首个基因编辑安全证书，2024年1月，再次获得国内第二张基因编辑生产应用安全证书；卫星互联网领域，山东微波电真空技术公司建设了全球首条空间行波管自动化装配试验线，支撑我国大规模卫星组网的重大需求；量子科技领域，济南量子技术研究院在量子通信领域多次创造纪录，制定了我国量子测量领域的首个国家标准，牵头制定了我国首个量子计算领域国家标准；协作机器人领域，遨博智能研制了高功率密度一体化伺服驱动关节模块，突破了关键零部件依赖进口的重大瓶颈问题；深海领域，烟台中集来福士自主设计建造了全球领先水平的超深水半潜式钻井平台“蓝鲸1号”和“蓝鲸2号”，攻克了深海浅软地层水平井钻采核心技术。

二、山东未来产业创新发展面临的挑战

（一）未来产业领域布局仍需优化

总的来看，全国未来产业布局趋于同质化，整体上呈现出“大而全”的趋势。如，人工智能领域，全国超过24个省市在各类规划、文件、政府工作报告中都明确提出了布局人工智能产业。此外，全国还未形成面向未来产业的统计口径，对于未来产业划

分还未达成一致。如，元宇宙领域，产学研对元宇宙的定义尚未达成共识，对高性能算力芯片、区块链、系统软件等方面是否纳入元宇宙范畴存在争议，一定程度上制约了元宇宙行业发展。针对这一现象，2024 年 1 月工业和信息化部组建了元宇宙标准化工作组，正在规范元宇宙术语、参考架构等基础标准。山东省各市对于未来产业的布局安排也存在相似的问题，人工智能、合成生物、新材料、类脑智能等领域存在重复性建设和资源争夺等问题，因地制宜布局发展有待加强。

（二）未来科技人才引育亟须加强

人才引进方面，山东省高层次科技人才引育条件不如苏、浙、粤等先进省市更具优势，人才政策还未向未来产业倾斜。相比之下，浙江推动实施“启明计划”等引才工程，加强未来产业领域高层次制造人才引育，长期稳定支持一批在未来产业领域取得突出成绩、具有明显创新潜力的青年人才；上海启动面向全球的“未来产业之星大赛”，集聚硬核项目和顶尖人才。人才培养方面，根据 2024 软科中国大学排名，山东仅山东大学（22 位）、中国海洋大学（57 位）、中国石油大学（华东）（60 位）3 所高校进入全国百强，整体排名偏后。全省共 8 个双一流学科，数量不及江苏（48 个）、浙江（23 个）、广东（21 个）。以人工智能方向为例，根据美国 CS Ranking 排名，山东大学人工智能方向排名全国 29 位，不及南京大学（第 3 位）、浙江大学（第 5 位）、中山大学（第 16 位）、苏州大学（第 20 位）等高校。从产业人才看，未来产业领域的新型研发机构和科技企业研发投入普遍没有形成规模，高端人才引进较难，国有企业科研投入意愿不高，产业创新缺乏活力，科研成果产出与转化不足。

（三）未来产业要素生态还需优化

从基础研究平台看，教育部首批公布的 12 所建设了未来技术学院的高校中，山东高校无一入选；省外高校集聚力度不强，在这方面，河南郑州中原科技城规划 80 公顷地用于引进高校研究院，哈尔滨工业大学－郑州研究院一期已经投入使用，另有国内外 14 所一流高校表达强烈合作意愿，其中上海交通大学、武汉大学、北京理工大学已明确设立郑州研究院。从项目孵化载体看，2022 年 12 月，科学技术部、教育部批复的 10 个未来产业科技园区建设试点和 1 个培育名单中，北京、上海、广东、江苏、安徽、湖北等地均有园区被列入，山东省没有园区入选。从区域创新生态系统看，河南选定 9 个单位列入省级未来产业先导区，其中在郑州设立 4 个园区；浙江首批培育杭州城西科创大走廊人工智能、海宁第三代半导体、宁波柔性电子等 8 个省级未来产业先导区，目前山东省未来产业先导区还未迈入认定阶段。

（四）未来产业相关配套亟须跟进

从扶持措施来看，山东省还未出台针对未来产业的政府补贴、税收减免等优惠政策，相比之下，上海的未来产业行动方案中明确提出，落实研发费用加计扣除、装备首台（套）、科技创新券、创新产品推广等政策。从人才引育来看，山东省人才政策还未向未来产业倾斜；浙江推动实施“启明计划”等引才工程，加强未来产业领域高层次制造人才引育，长期稳定支持一批在未来产业领域取得突出成绩、具有明显创新潜力的青年人才；上海启动面向全球的“未来产业之星大赛”，集聚硬核项目和顶尖人才。从科技金融来看，山东省科技金融发展迅速，初步形成了以科技信贷、风险补偿、股权投资、上市培育为主的科技金融服务体系，全省累计发放“鲁科贷”超过600亿元，位居全国前列，但在科技金融服务机制、企业融资活力等方面，还未开始向未来产业倾斜，与国内先进地区还有一定差距。

（五）国际创新合作面临阻力

近年来，国际形势复杂多变，中美竞争愈发白热化，科技战成为双方博弈的主流。山东省部分未来产业领域相关企业受到了国际竞争博弈的影响。在美国的制裁打压下，我国国际创新合作面临着诸多挑战。技术封锁方面，2023年3月，美国商务部宣布将第四范式、华大基因、浪潮集团、龙芯中科、盛科通信等28个中国实体列入实体清单，重点瞄准人工智能、生命科学、集成电路等战略领域实施制裁。国际局势方面，2024年2月，美国白宫宣布，由于俄乌冲突，对芯佰微电子、广州欧赛科技、江西连胜科技等17家中国企业实施经济制裁和出口管制。

三、关于山东未来产业创新发展战略的建议

（一）聚焦“三个重心”搭建未来产业顶层框架

融入国家未来产业大布局，更好立足于山东的省情，从山东的资源禀赋、产业基础、科技创新能力出发，因地制宜，搭建“传统产业＋新兴产业＋未来产业”的结构合理、配置科学的现代化产业体系，突出方向部署、组织体系、重点城市三大重心。一是重点明确山东未来产业的部署方向，全盘布局体现山东特色的“8+X”未来产业领域布局，

按照主导性、颠覆性等性质分梯度部署培育；二是重点形成山东未来产业的组织体系，在省级层面确立未来产业牵头推进部门，在市级层面划定重点建设试验区，在产业层面成立产业发展联盟，跨区域、跨层级集聚未来产业要素资源；三是重点推动发达城市优先展开部署，发挥济青烟等重点中心城市的优势条件，瞄准优势产业率先发力，以“3+N”雁形阵的格局带动全省未来产业发展，形成示范推广作用。

（二）采用“四位一体”模式制定未来产业布局策略

一是明确战略定位，强化“内引外联”，加大向国际、国内的开放与合作，充分借鉴国内外先进经验，确定战略愿景、战略要素、战略路径等，深度嵌入技术预见工作，开展系统解链，促进技术预见成果与未来产业项目双向匹配，服务战略目标，勇闯“无人区”未来产业领域；二是推动科技攻关，发挥重大创新主体作用，激发科技创新内驱力，推动科学原理突破，加强创新平台建设，深化产学研融合，推动科技成果转化，围绕产业链条部署重大共性技术和关键核心技术，推动未来产业链条建链、延链；三是培植生态沃土，集聚要素资源，为未来产业要素集聚营造空间，搭建区域、园区、平台、主体相互依存、相互共生的生态系统，推动“政产学研金服用”要素充分融合；四是出台专项政策，牵引未来产业布局，重视未来产业发展所需人才、资金、土地等要素资源，在技术转移转化、技术市场对接、示范场景搭建等方面提供优质服务，保障未来产业发展。

（三）“五方并进”携手筑成未来产业推进体系

构建“未来技术学院—未来产业研究院—未来产业科技园—未来产业先导区—未来产业集群”五方未来产业推进体系，形成牵引、支撑与催化合力。一是支持山东大学、中国海洋大学、中国石油大学（华东）、齐鲁工业大学（山东省科学院）等省内驻地高水平大学建设未来技术学院，充分发挥本校学科基础，形成未来技术学院特色；二是支持省内综合性、专业性研究院、重点实验室、技术创新中心、新型研发机构等单位向未来产业研究院发展，搭载技术预见、概念验证、小试中试等重要功能，建设未来产业创新策源和全链条培育孵化功能体系；三是支持发展良好、基础雄厚、潜力较大的产业园区进行转型升级，依托国家级大学科技园，承载未来产业研究院、未来产业创新创业企业等创新主体，争创国家级未来产业科技园，大力推动未来产业项目孵化；四是支持济南高新区、青岛高新区、青岛西海岸新区、烟台开发区等区域建设未来产业先导区，率先布局产业、吸引人才、搭建平台、集聚资源；五是推动量子技术、空天信息、深海极地等山东省优势产业集群化发展，进一步优化、集聚未来产业集群，丰富未来产业要素，优化未来产业生态，促进同领域、跨领域产业组织、企业单位、高校院所、人才团队共同成长，培育发展更多新质生产力（图 3-1）。

图 3-1　“五方并进”未来产业推进体系

（四）聚焦“六大支撑”形成未来产业培育发展举措

第一，围绕未来产业的关键共性技术，引进培育研发机构、领军团队、龙头企业，推动与国内外知名高校、科研院所建立产学研用创新机制，联合建立未来产业高能级创新平台；第二，统筹推进人才政策体制改革，依托未来产业创新平台等载体，面向未来产业的重点发展领域，进一步加大未来产业人才“引用育留”力度；第三，着力推进制度创新、科技创新与产业创新，建设科技城、共同体、示范园等未来产业新型载体，打造未来产业项目创新策源地；第四，推动龙头企业深入实施“揭榜挂帅”、定向委托、赛马制等制度，促进科研成果定向转化，服务企业发展需求；第五，将技术成果转变为经济产值，搭建多元化融资平台及模式，形成完善的未来产业金融服务体系，发挥财政杠杆作用，引导产业资本、金融资本、社会资本支持未来产业发展；第六，以“有为政府 + 有效市场”双元驱动，依托产业政策和制度规章来规范产业和市场健康发展，制定未来产业评价标准与统计口径，科学推动和支撑产业发展。

第二节 山东先行先试建设未来产业先导区策略研究

2024 年政府工作报告指出，“制定未来产业发展规划，开辟量子技术、生命科学等新赛道，创建一批未来产业先导区”。为落实党中央和山东省委、省政府的相关工作部署，提出大力支持济南、青岛、烟台打造未来产业先导区，围绕人工智能、元宇宙、生命科学、未来网络、量子科技、人形机器人、深海空天等重点领域，承载未来产业布局发展，支撑科技创新与产业创新深度融合，打造优质的创新生态，培育更多新质生产力。

一、山东未来产业先导区建设基础

（一）基础现状

未来产业先导区是由前沿技术驱动，以核心技术突破及产业化为目标，促进创新资源持续集聚、创新产品快速转化、产业生态高效迭代的高水平区域性创新平台，有力承载未来产业的前瞻性布局。山东省在济南、青岛、烟台打造未来产业先导区有着良好的基础。

一是区域创新资源集聚。高端的创新平台是未来产业先导区集聚全球创新资源，发挥技术策源、产业引领的有效载体。济南、青岛、烟台汇聚山东 80% 以上各类创新平台，可为未来产业先导区实现“科技 + 产业”“项目 + 人才”双轮驱动提供重要支撑。

济南积极抢抓工业互联网发展机遇，累计培育国家级工程互联网双跨平台 2 个、省级重点平台 63 个，数量居全省首位、全国前列；济南高新区建立了强有力的创新平台体系，拥有 19 家省级及以上重点实验室、12 家技术创新中心、30 家新型研发机构及 5 个创新创业共同体，总量在全省开发区中位居首位。青岛不断优化科技创新布局，建设了 347 家各级重点实验室、1000 余家各级技术创新中心和 100 余家各级新型研发机构。其中，青岛市人工智能产业园作为全省首个人工智能计算中心，其一期拥有 100P 算力，为百余家企业和科研院所提供算力支持。烟台拥有聚焦人工智能、工业互联网、软件开发等领域的重要经济园区 11 个，总投资 90 亿元以上，规划面积超过 460 公顷；其他各类工业互联网 120 多个，其中腾讯在烟台建立了全国首个“腾讯云工业云基地”，华为在烟台布局了山东省首个人工智能创新中心，京东在烟台建设了“京东智联云工业互联网华北区域中心”，集聚全球 24 万个研发设计资源、1.5 万条供应链、6600 多名专家，为客户定制解决方案。

二是优势产业基础扎实。良好的产业基础是打造未来产业先导区的重要载体。济南、青岛、烟台三地都具备具有规模优势和引领能力的优势产业，是全省乃至全国重要的产业集群聚集区，拥有推动未来产业纵深发展的产业潜力。济南通过实施工业强市战略，推动大数据与新一代信息技术、智能制造与高端装备、精品钢与先进材料、生物医药与大健康等四大主导产业的快速发展，累计培育了 12 个“雁阵形”集群、4 个战略性新兴产业集群和 8 个特色产业集群，稳居全省前列。青岛则依托智能家电、轨道交通装备、新能源汽车、高端化工、海洋装备、食品饮料、纺织服装等七大优势产业，以及集成电路、新型显示、虚拟现实、人工智能、生物医药和医疗器械、智能制造装备、先进高分子及金属材料、精密仪器仪表、通用航空、氢能与储能等十大新兴产业，形成了强大的产业基础。青岛西海岸新区的先进高分子材料产业集群、人工智能产业集群和工业互联网产业集群等 8 个产业集群被列为山东省的支柱性“雁阵”集群，占全省总比重的近 20%。烟台已发展形成绿色石化、有色及贵金属两个 2000 亿级产业，汽车、高端装备、电子信息、食品深加工 4 个千亿级产业，以及生物医药、清洁能源、航空航天等多个百亿级产业，拥有 5 个省级以上战略性产业集群，庞大的产业体系为未来产业发展提供了丰富的资源和支持。

三是前沿技术应用场景丰富。构建未来产业应用场景是未来产业先导区的重要功能。山东正处于新旧动能转换的关键时期，济南、青岛、烟台依托“5G+ 互联网”“6G+ 制造业”的赋能优势，探索构建覆盖一、二、三产业的全方位应用场景。例如，济南开展的“AI 泉城”赋能行动，围绕制造、医疗、交通、教育、能源、安防等重点未来产业相关领域，征集发布人工智能应用场景需求 559 个、解决方案 724 个，共覆盖 17 个行业和 600 余家企事业单位。青岛充分发挥海洋特色资源和算力数据优势，开展“人工智能 +”应用场景打造行动，围绕海洋气象预报、海洋灾害预警、智慧港口建设、海洋药物筛选与研发、海洋资源勘探与开发、海洋智能装备制造、海洋信息智能感知、海洋水下自主无人系统研发、深远海养殖、海洋文旅等垂直领域，梳理出近百个应用场景。烟台在黄渤海新区梳理智能化工厂改造、工艺流程提升、智慧园区管理等数字应用场景 100 余个；在海阳市聚焦商业航天赛道场景需求，积极打造民用火箭发射场地，有望成为中国四大卫星发射场之外的重要补充；在莱山区积极打造智慧农场应用场景。

（二）现存问题

一是区域创新发展水平不够均衡。根据《2023 年中国火炬统计年鉴》统计，济南市高新区 R&D 人员投入为 7.15 万人、青岛市高新区 R&D 人员投入 4.29 万人，分别占山东省全部高新区 R&D 人员投入的 34.58%、20.75%，占比位居全省前两位，但烟台市高新区 R&D 人员投入仅为 0.45 万人，占全省高新区比重为 2.19%，甚至低于淄博、潍坊、济宁、威海、临沂等地区。济南市高新区 R&D 经费内部支出为 189.54 亿元、青岛市高新区 R&D 经费内部支出为 160.27 亿元，但烟台市高新区 R&D 经费内部支出仅为 17.77 亿元，经费投入为济南市、青岛市高新区十分之一左右。

二是高新技术产业规模普遍较小。2023 年，济南市高新区的全年工业增加值为 594.8 亿元，规模以上工业企业营业收入为 2166.8 亿元；相比之下，苏州市工业园区的规模以上工业总产值达 6509.4 亿元，高新技术产值占总产值的比重为 73.9%。根据《2023 年中国火炬统计年鉴》，全省 13 家高新区的高新技术企业总营业收入为 4.66 万亿元，低于广东（11.92 万亿元）、江苏（7.75 万亿元）和浙江（6.68 万亿元）。济南和青岛市高新区的高新技术企业工业总产值分别为 0.41 万亿元和 0.61 万亿元，低于广州（1.19 万亿元）、杭州（1.04 万亿元）、宁波（0.91 万亿元）和南京（0.64 万亿元）等城市。

三是产业核心竞争力相对较弱。济南、青岛、烟台市高新区主导产业布局存在一定同质化，区域之间缺乏产业链协同互补。从科技成果产出情况看，济南市高新区、青岛市高新区创收能力大幅领先，超过全国平均水平 2~3 倍，但烟台市高新区营业收入、工业生产总值、净利润均不及全国平均水平的 1/3。与武汉东湖自创区的光电信息产业集群、长株潭自创区的装备制造产业集群、杭州自创区的数字经济产业集群等相比，山东未来产业先导区优势产业集群特色不够鲜明，竞争力有待提升。

二、山东未来产业先导区基本架构

（一）战略定位

山东省未来产业先导区以山东科技、经济与社会发展重大需求为目标，立足济南、青岛、烟台资源禀赋和产业特点，通过创新资源优化聚集和创新政策先行先试，组织搭建“未来技术学院－未来产业研究院－未来产业概念验证中心－未来产业科技园”协同联动的创新生态，培育一批未来产业重大创新主体，推动未来产业集群发展壮大。济南在人工智能、量子科技、生命科学、卫星互联网、区块链等领域迅速形成优势，打造为未来产业创新中心；青岛主要聚焦人工智能、元宇宙、深海高端装备、卫星互联网等优势产业，壮大产业集群，打造国际未来产业高地；烟台主要聚焦商业航天、深海高端装备、高端制造、核能、氢能等领域，依托中韩贸易和投资合作先行区、国家科技成果和国际技术转移转化示范区，构建未来产业的对外开放格局，成为推动新质生产力发展的重要引擎。

（二）核心功能

一是打造未来产业区域创新中心。坚持创新链、平台链和人才链的协同发展，充分发挥虚拟现实等国家制造业创新中心、燃料电池等国家技术创新中心、云计算装备等国家产业创新中心的作用，建立高端技术创新人才团队，加强人才引领性企业建设，力争攻克行业共性关键技术，实施重大技术攻关项目，培育首台（套）技术装备及核心零部件，积极参加国家重大战略规划，将未来产业先导区打造成山东重要创新策源地，培育未来经济发展的重要增长点。

二是搭建现代化产业示范区。围绕冶金、化工、轻工、建材、纺织、机械装备等传统优势产业，承载传统产业数字化、高端化、智能化、绿色化转型升级、节能降碳。围绕新一代信息技术、高端装备、新能源、新材料等新兴产业，支撑技术攻关和成果转化，培育新兴产业全链条发展格局。聚焦人工智能、空天信息、元宇宙等未来产业，支撑空天信息产业园、青岛人工智能产业园、烟台东方航空港等未来产业科技园、未来产业加速园的建设落地，培育未来产业应用场景，加速未来产业市场化进程。

三是构建未来产业创新生态。充分发挥先导区内大企业和小企业在创新中的核心作用，促进不同规模的创新企业梯度发展，推动大中小企业形成相互促进、协同共生的创新生态。建立省级创新领航企业培育机制，积极争取国家级领航企业的认证。鼓励区内中小企业专注于细分市场，聚焦主业，培育潜力，形成包括专精特新、瞪羚、独角兽、专精特新“小巨人”、单项冠军等在内的企业梯度培养体系。发挥大企业建链引链和中小企业强链稳链作用，推动重点产业链内外企业的对接活动，促进山东省大中小企业的良性创新生态建设。

（三）运行机制

未来产业先导区实行省市区三级政府协同管理机制：在省级层面，建立由省发展和改革委员会牵头、各相关政府部门参加的专项工作领导小组，统筹安排指导、协调、督促未来产业先导区建设工作；在市级层面，主要由市人民政府负责各市未来产业先导区具体建设工作，形成省市协同、部门联动的工作体系；在高新区层面，高新区管理委员会是未来产业先导区日常建设服务工作的具体承担部门，负责向市政府、省级领导小组报告先导区建设情况，参加年度评估，提出建设意见。各高新区可成立未来产业先导区发展咨询委员会，开展未来性需求、技术、产业、要素和制度研究，加强未来产业类研究成果对科技和产业发展的决策支撑作用。

三、山东省建设未来产业先导区的相关建议

（一）深度融入国家发展战略

积极参与京津冀协同发展、长江经济带、粤港澳大湾区建设等区域战略建设，推动山东未来产业先导区与国家发展战略的深度融合，联合出台未来产业的协同共建方案，共享科技创新资源，建立联合共建机制，在企业集聚、研究机构引入、金融投资、成果推荐等方面统筹布局。针对国家重大区域发展战略，加快实现对关键核心技术和前沿引领技术的突破，形成一批高精尖原创成果。设立主导产业科技成果转化基金，支持处于发明阶段且具有一定产业化基础的科技成果转化，提升未来产业先导区的产业创新能力。

（二）推动科技创新平台建设

重视创新平台在推动未来产业发展过程中的重要作用，在先导区内建设以前沿性、交叉性、颠覆性技术原始创新为主要内容的“科技创新平台”，以概念验证中心、中小试基地、公共技术服务平台、众创空间和孵化器为代表的“技术中试孵化加速平台”，以培育未来场景运营实验室为代表的“场景应用平台”三层平台体系，健全“源头创新－

成果转化 – 产品开发 – 场景应用”培育链条，以大规模的示范应用推动未来技术加速迭代，打造未来产业创制高地。

（三）加大“双招双引”工作力度

完善先导区的“双招双引”工作机制，加强招商引资和招才引智工作力度。综合运用龙头企业、商协会、会展、基金、场景、驻外机构等招商渠道，招引落地一批标志性产业化项目，推动尽快形成实物工作量，持续扩大未来产业的投资规模。在先导区内部实施定位精准的未来产业专项人才计划，发挥重要创新载体的磁吸作用，培养多层次人才体系，组织一批由具有前瞻判断力的战略科学家、具有组织领导能力的领军人才和懂市场、懂科研、懂资本、懂产业、懂管理的复合型人才组成的创新队伍。加强对创新人才团队的培育工作，着重培养人才队伍的未来思维、全球视野、创新意识、探索精神。

（四）完善知识产权保护生态体系

重视发挥知识产权对未来产业颠覆性技术发展的促进和保护作用，支持企业、高校、科研院所等主要创新主体组成知识产权联盟，建立专利池，以技术交叉、许可等方式促进技术扩散。发挥先导区政策先行先试优势，建立知识产权绿色审查制度，制定必要专利许可指南，推动知识产权加速转化为行业技术标准，加大我国技术话语权。在先导区内建立一批技术产权公共服务综合体，提高研发设计、专利导航、技术评价、标准化服务、计量测试、认证许可等服务水平，推动先导区内技术专利标准协同发展。

第三节 山东打造国家级未来产业科技园路径研究

《“十四五”国家高新技术产业开发区发展规划》“未来产业培育行动”专栏中明确指出，依托国家大学科技园，建设未来产业科技园。2022 年，科学技术部和教育部印发《科技部 教育部关于批复未来产业科技园建设试点的函》，同意空天科技未来产业科技园等 10 家科技园作为未来产业科技园建设试点，量子信息未来产业科技园作为建设试点培育。山东省建有 5 家国家大学科技园，但并未入选首批建设试点名单。为加速未来产业的发展，形成新质生产力，提升竞争优势，推动经济高质量、快速转型，结合山东省未来产业科技园的基础情况和当前存在的问题，深入分析并根据实际需求，规划园区的基本架构，并提出相应的对策和建议。

一、山东未来产业科技园建设基础

（一）基础现状

一是政府大力支持大学科技园发展。山东省大学科技园的试点建设得到了省政府的高度支持，利用政策驱动的方式推动大学科技园建设与发展。2005 年，省科学技术厅等部门印发《关于进一步加强大学科技园建设的实施意见》，积极推动大学科技园创新体制机制，完善创新创业服务体系，集聚科技资源，畅通转化渠道，打造成效明显的双创中心和推动高校科技成果转化的重要载体。2022 年，我省出台的《山东省大学科技园管理办法》明确提出积极探索“产业＋学科”模式建设，对该园区实施年度绩效评价制度和日常监督管理的相关要求，以推动其可持续发展。

二是大学科技园持续提升培育孵化水平。根据《2023 年中国火炬统计年鉴》数据显示，山东省国家大学科技园在孵企业数量为 342 个，占全国总数的 3.22%，其中当年新孵化企业为 118 个，同比增长 25.43%。国家大学科技园累计已培养毕业企业 502 个。例如，山东大学国家大学科技园孵化了山大鲁能、山大地纬等知名高科技企业及多个研究成果，如 GPS 定位服务技术和移动测绘技术，已在国内处于领先地位。山东科技大学科技园区根据园区需求，建立了七大创业公共服务体系，为入驻企业和团队提供完整的孵化链条，涵盖创客空间、创业苗圃、孵化器、加速器和产业基地等服务。

三是高校逐步重视未来产业相关建设。山东高校在推动未来产业发展方面做出了积极努力，通过培养创新型人才、推动科技成果转化和应用，以及与产业界的紧密合作，促进山东省经济发展和技术进步。如，2020 年 12 月，哈尔滨工业大学（威海）未来技术学院成立，持续加强在地方新兴产业发展和未来产业布局中发挥人才和科技支撑作用；2023 年 10 月，山东大学与山东能源集团聚焦未来能源和智慧工程两大未来技术领域，合作成立未来技术学院，不断突破未来前沿性、革命性、颠覆性技术；2024 年 3 月，山东科技大学获批省级未来技术学院，持续探索未来科技创新领军人才培养新模式，打造有重要国际影响力的工程科技创新平台和人才培养基地。

（二）现存问题

一是山东省未来产业科技园建设起步较晚。合肥市高新区于 2020 年 7 月和 2024 年 2 月相继出台了《合肥高新区建设世界一流高科技园区若干政策措施》《建设世界领先科技园区政策体系》，明确支持重大项目落地、鼓励人才创新创业、支持产业发展等具体举措，持续推动合肥市高新区呈现出“一体三翼 N 核驱动”的发展格局，集聚空天信息、生物医药等战略性新兴产业和未来产业，增强发展新动能。2024 年 7 月，首个国家级“量子信息未来产业科技园”挂牌运营，全国首条量子芯片生产线投产，超导量子计算机和离子阱量子计算机已完成交付。2024 年 4 月，北京市人民政府印发了《中关村世界领先科技园区建设方案（2024—2027 年）》，对未来产业科技园的建设背景、功能定位、运行机制、组织保障等内容做出详细的陈述和布局，聚焦世界前沿科技和未来产业，加快发展新质生产力。而山东省针对未来产业科技园的具体扶持文件还未下发，政府对未来产业科技园建设的牵引力度有待增强，目前尚未建设出具有全国影响力的科技园。

二是国家大学科技园整体水平有待提升。当前大学科技园面临着“内卷化”和“边缘化”两大困境，未能充分挖掘其优势学科、先进成果和科研带头人等创新资源，导致孵化企业能力较弱，成果转化能力亟待加强。根据艾瑞深《大学 360 度全景数据监测报告》，2023 年中国大学科技成果转化金额排名前 30 的高校中，浙江大学、上海交通大学和东南大学分别为 125.99 亿元、94.87 亿元和 76.87 亿元，而山东省仅有山东大学上榜，成果转化金额仅为 37.11 亿元。山东科技大学科技园入园企业 194 家，研发机构 31 家，创客团队 180 个，其中 50 家孵化为企业。相比之下，东南大学国家大学科技园在园企业 500 余家，高新技术企业 60 余家，已孵化培育 1000 余家科技型企业。

三是大学科技园与未来产业融合不充分。首先，未来产业学科建设优势不足。山东省大学科技园多为综合性大学，与未来产业相关的学科建设力度不强，比较优势不明显。从《2024 年 ABC 中国大学人工智能专业本科专业评级排名》来看，排名前 50 名中仅有山东大学（排名第 23 位）上榜，较上海交通大学（排名第 4 位）、西安电子科技大学（排名第 5 位）仍有较大差距。其次，大学科技园与科技领军企业联系强度不足。山东省在部分未来产业领域，缺少类似于阿里巴巴、华为、腾讯、百度等领军科技企业，园区对如何培育发展未来产业、如何进行市场化运营等尚不明确。再次，未打通未来产业科技成果转化机制。当前，仍存在科技创新和成果转化“两张皮”的问题。院校人才的科研成果多偏于理论，侧重提供某种技术，落地条件不够成熟，与企业在需求与供给上尚存在较大差异，研究成果难以有效转化为实际生产力。

二、山东未来产业科技园基本架构

（一）战略定位

未来产业科技园服务于国家安全战略和地方经济发展，将培育一批世界级重大原创成果，加快科技成果转化和科技企业孵化，培育未来产业集群，强化国家战略科技力量，打造成未来产业战略部署的先行区和样板区、国家未来产业培育发展的示范区和探路先锋、享誉全球的未来产业创新策源地和产业集聚区，助力山东科技强省建设。未来产业科技园的建设目标是集聚和培育一批国际一流的未来产业科技领域多学科交叉融合的科技领军人才和青年创新创业团队，推动一批未来产业前沿性、颠覆性重大科技成果加速转移转化，建立专精特新、专精特新“小巨人”、瞪羚企业、独角兽企业梯度培育体系，培育、孵化一批科技企业，形成未来产业孕育发展的创新创业生态。

（二）核心功能

一是未来产业前沿领域创新策源地。结合国家和山东省“十四五”规划，重点围绕量子科技、人工智能、未来网络等前沿领域，加快依托高校的学科建设，依托国家级重点实验室、省重点实验室、科研院所等单位，培育顶尖研究型人才、复合创新型人才，推动战略导向基础研究，强化技术多路径探索与交叉融合，促进基础研究与原始创新，加速实现颠覆性技术突破和前沿技术创新。

二是科技企业孵化加速示范区。未来产业科技园依托高校学科优势，推进政产学研深度融合，加快前沿技术、高端人才、耐心资本等新要素的集聚、流动和协同，提供专业化科创服务，打造要素共享、活力迸发的创新创业创造生态，推进科技园提质发展，建设专业水平高、服务能力强、体制机制活的孵化器和加速器，打造未来技术应用场景，育成具有代表性的创新型企业。

三是创新创业人才培养载体。未来产业科技园依托高校、研究院所、国家级/省级实验室等单位与关键领域领军企业开展全方位合作，大力探索以科技前沿技术为驱动的引领未来产业技术创新的人才培养新模式，构建具有典型行业特色的卓越工程师和高水平复合型工科人才培养体系，形成拔尖创新人才培养模式。

四是前沿技术成果转化示范区。培养具有丰富产业化经验的跨学科团队开展成果转化，建设未来产业概念验证基地，构建未来产业研发创新平台，重点围绕人工智能、元宇宙、量子科技、空天信息等方向，组织开展颠覆性、变革性产业技术创新与集成，培育新业态，开展基础性、系统性、可持续战略性新兴产业关键技术开发。通过与未来产业先导区、产业技术研究院、科技型企业等单位的有效协同，形成对于前沿技术成果转化的有力支撑。

（三）运行机制

未来产业科技园由校、地、企三方协同建设，实行“政府引导＋科技园牵头＋领军企业＋社会资本”的多元化管理体制机制，致力于打造促进“学科＋产业”深度融合的科技创新平台和人才培育基地，以未来产业赋能传统优势学科为牵引，以富有特色的创新创业人才培养和科技成果转移转化为基础，依托山东省国家大学科技园构建未来城市建设和运行基础产业应用场景，协同政府和领军企业优势实现上述领域战略性科技力量强化、颠覆性技术突破及未来产业引领，推动形成量子科技、人工智能等未来产业集群，打造国内具有重要影响力的未来产业培育高地。

三、山东省打造国家级未来产业科技园的建议

（一）强化政策引领，统筹规划发展框架

坚持党的领导，加强科技园区建设的立法保障，支持高水平科技自立自强改革的先行先试，及时总结并推广成功经验。未来产业科技园依托高校学科优势及各市一系列重点科技创新平台，深度协同若干科技领军企业，重点围绕某几个未来产业细分领域，集聚一批前沿颠覆性技术高端科技领军人才和创新团队，培育孵化一批细分领域领先高新技术企业。此外，成立山东省创新技术引导基金，和国内、国际知名资本及政府产业引导基金等共建产业基金。加强单位、企业、政府管理部门等深度合作，深化政校企协同策略，建立技术联盟，改革用人制度，打破体制机制的束缚，推动“政府+发起单位”双元主体共同发展新型研发机构，实现机构实体化、研究与应用的紧密结合、效能最大化以及成果产业化。

（二）夯实建设基础，推动“学科+产业+园区”融合发展

一是建立未来产业创新联合体。推动以生态主导型企业、资源优势突出的高校及科研院所、智库等为基础，设立未来产业或技术研发机构，探索构建跨领域、跨机构的创新联合体，推动前沿技术的多路径探索与交叉融合，并提供颠覆性技术支持。二是完善未来产业的学科体系。加强对未来产业的靶向人才培养，建立人才储备库，并制定“高精尖缺”人才引进计划。探索企业、高校和其他社会化研究机构合作的人才培养模式，创建产教融合的人才联合培养基地。三是加快未来产业发展。一方面，加大未来产业人才引进和培育力度，扩大未来产业人才储备。另一方面，建设一批概念验证中心、中小试基地、公共技术服务平台、众创空间和孵化器，加速未来技术的产业化落地进程。

（三）完善资金保障，护航科技园区建设

未来产业科技园的发展离不开强有力的资金支持。一是加强政府资金保障。结合园区的资金筹措机制，政府可以制定税收优惠、土地政策和资金信贷等一系列资金扶持政策，降低企业入园成本，吸引更多社会资本进入。二是建立支持资金多元投入机制。深化健全政府引导、企业为主、社会参与的多元化资金投入体系，引导社会资本参与未来产业科技园区建设。政府部门牵头发起成立未来产业发展基金，积极吸收未来产业头部企业参与，重点用于支持量子科技、人工智能、元宇宙等未来产业建设，助力

山东省未来产业发展壮大。

（四）开展跟踪评估，持续完善服务体系

一是强化园区数据统计、运行监测和绩效评价。通过选择第三方评估机构，定期对任务落实情况进行动态跟踪与评估。对于未来产业科技园的绩效评估，主要包括经济性和创新性指标，以确定重点支持的产业、环节和企业，并为不同类型的在园主体制定不同的支持策略，制定差异化政策引导，明确绩效考核标准及奖惩措施。二是提供全方位、专业化的服务和指导。一方面引入多种科技中介服务机构，如管理咨询、法律服务、技术转移等，整合并动员专业技术力量为园区企业提供全方位的管理咨询、技术交易、人才交流等服务，从而为入园企业提供卓越的服务体验。另一方面，在园区设立金融服务机构，并积极与银行等金融机构对接，建立绿色通道，降低企业的创新和创业成本。

第四节 山东打造国家未来产业研究院战略研究

我国“十四五”规划提出，“在科教资源优势突出、产业基础雄厚的地区，布局一批国家未来产业技术研究院，加强前沿技术多路径探索、交叉融合和颠覆性技术发展”。国家未来产业研究院是面向国家战略需求，多部门参与、中央和地方共建、多元投资、专业化运营的未来产业战略引领和组织管理机构，具有创新的组织模式和管理机制。未来产业研究院将成为多部门协作推进未来产业创新发展的范例，发挥促进科研与产业生态系统融合、协同发展的关键作用。未来产业研究院的设立目标是助推我国未来产业从跟跑、并跑进入领跑位置，最终在全球未来产业发展中处于领导地位。

一、我国未来产业研究院建设实践、山东基础优势及现存问题

（一）我国部分地方建设未来产业研究院的实践

浙江、广东、江苏、湖北、重庆等地区的“十四五”科技创新规划中均提出了抢占未来产业发展风口和机遇，前瞻性地进行产业布局和培育。

一是推动多元模式的研究院建设。未来产业技术研究院通常是由政府、高校、科研院所和企业联合建设的新型产业技术创新平台。浙江省率先提出要打造国家级未来产业先导区，在《关于浙江省未来产业先导区建设的指导意见》中，明确提出要前瞻布局并创建未来产业技术研究院，形成全链条的未来产业研发体系，并构建相应的产

业培育链条。例如，浙江未来技术研究院（嘉兴）由地方政府、科研机构和企业共同发起，主要负责技术转化和产业孵化。而湖北的未来技术创新研究院由武汉经济技术开发区与华中科技大学合作建设，目标是打造示范性中试基地和技术转移平台，支持高科技企业的培育与高端人才的集聚。此外，部分地区如陕西则采用企业主导的建设模式，陕西省通过政策明确提出由省内大型企业主导建设未来产业创新研究院，为相关研究提供研发场地和设备支持。

二是专注于产业领域的高能级创新平台建设。未来产业技术研究院聚焦各地重点发展的前沿技术领域。例如，浙江未来技术研究院（嘉兴）集中于数字成像、人工智能和大数据应用的研发；湖北未来技术创新研究院则专注于数字经济和生命健康领域；广东未来产业研究院重点关注新型传感器技术、细胞与基因、空天技术、脑科学与类脑智能以及量子信息等前沿技术。浙江省也明确指出，人工智能、量子信息、第三代半导体、未来网络、柔性电子、空天一体化、生物工程、先进能源和元宇宙等领域是未来产业布局和技术研究院建设的重点领域。

三是有组织与市场化并行构建高效运行机制。未来产业技术研究院通常采用政府指导下的市场化运作模式，注重灵活高效的管理与运营，并采用独特的组织架构。广东省的未来产业研究院是由多个部门共同参与建设，并以市场化运营为核心的新型研发平台，面向粤港澳大湾区战略需求，采取公私合建、多元投资的方式，推动基础研究、应用研究到新技术产业化的全链条整合，提升创新效率，成为粤港澳未来产业研发体系的核心组成部分。陕西省明确指出，未来产业技术研究院在联合建设单位的共同参与下，需制定详细的建设方案，并在资金投入、人才团队和运营管理等方面提供充分保障。未来产业技术研究院在初期阶段将以政府主导为主，逐步过渡到市场化运营的模式，基本参照新型研发机构和产业技术研究院的组建模式。

（二）山东建设未来产业研究院的基础优势

从科技创新平台看，2024 年全省已建有国家实验室 1 家，新获批 15 家全国重点实验室，总数达到 36 家，省实验室 11 家、省重点实验室 284 家，“1313”四级实验室体系逐步完善。其中，崂山实验室、深层油气全国重点实验室等为深海深地未来产业提供创新引领；小麦育种、海水养殖生物育种与可持续产出等全国重点实验室为生物育种产业提供技术支撑；山东省机器人与智能技术等省级重点实验室是山东省人工智能与机器人等未来产业的重点创新平台。从产业创新平台看，山东省加速布局高速列车、燃料电池、盐碱地综合利用 3 家国家技术创新中心，数量居全国第二位；新布局 10 家省技术创新中心，总数达到166家；新备案省级新型研发机构35家，总数达到471家；拥有国家企业技术中心210家，居全国首位，为未来产业创新发展提供动力策源。

（三）山东未来产业研究院建设存在的问题

山东省新型研发机构整体上规模较小，整体创新能级不高，相比之下，广东鹏城实验室、浙江之江实验室、江苏紫金山实验室等国家新型科研单位创新实力较强，现已在人工智能、未来网络等领域实现引领。此外，山东省在未来产业重点示范场景建设方面存在短板。如，教育部公布的首批18个"人工智能+高等教育"应用场景典型案例中，北京有7家高校案例进入名单，其他案例来自上海、黑龙江、湖北、湖南、浙江、陕西等6省市的多家高校，山东没有上榜的高校案例。

二、山东省未来产业研究院基本架构

（一）战略定位

山东省未来产业研究院的目标是推动基础研究、应用研究到新技术产业化的全链条整合，促进跨领域创新，提升创新效率，成为国家未来产业发展体系中的关键组成部分。研究院通过"未来产业战略方向选择+与地方和科研院所共建未来产业研究院+专业化支撑平台+多元主体投资+多元专业人才组合"，以及"未来产业技术预见+战略项目筛选+项目招标和揭榜挂帅+项目全生命周期管理+项目科学考评与滚动发展"的主体和项目建设双轮驱动模式，构建未来产业研究院运转体系。

（二）机构特征

一是未来产业研究院与其他类型研究机构有着明显区别。从功能定位来看，产业技术研究院的主要任务是支持传统产业经济转型升级，推动其向更高效能、更高附加值方向发展；而未来产业研究院则专注于未来产业的培育与发展，探索和孵化未来技术创新，推动技术场景的创新应用。从产业聚焦角度，产业技术研究院主要集中在传统产业领域的创建和发展；而未来产业研究院则聚焦于新兴技术领域的探索与构建。就技术成熟度而言，未来产业研究院与产业技术研究院在功能定位和产业聚焦的不同，决定了它们在技术孵化的成熟度方面存在较大差异。产业技术研究院更多关注的是已较为成熟的技术的产业化，而未来产业研究院则着重于新兴技术和关键核心技术的攻关与孵化。

二是未来产业研究院与区域创新载体之间存在密切关联。未来产业研究院作为创新平台，科学城是战略科技力量的核心区域，集中了丰富的科教资源和强大的新兴产业基础，是创新发展的关键所在；而未来产业先导区则是创新平台和园区载体的理想布局和承载区。三者能够相互促进，利用科学城集中优质高端创新资源的优势，共同打造未来产业先导区，建设未来产业研究院，推动未来技术的应用与产业化。同时，借助科学城和未来产业研究院的力量，将重点培育一批未来产业领军企业，建立多个以未来场景应用为核心的企业技术创新中心，通过创新驱动，加速未来技术的产业化步伐。

（三）核心功能

山东省未来产业研究院重点组织开展战略导向的基础研究，对未来产业培育所需要的基础前沿知识突破至关重要。未来产业研究院的主要任务是推动未来产业的发展，探索和孵化未来技术创新，并致力于开拓未来技术场景的创新应用。

一是创新项目组织与科研管理。山东省未来产业研究院建立后，通过组织外部科研机构、企业等部门的专家进行未来产业技术预见、战略项目筛选、项目招标与揭榜挂帅以及项目全生命周期管理，确保项目的科学考评与滚动发展。未来产业研究院可考虑由专业的项目经理人负责项目的提出、论证立项以及项目启动后的定期进展审查和价值评估等管理工作。

二是技术研发与产业化深度衔接。山东省未来产业研究院需要培养一批具有丰富科研与产业化经验的跨学科团队进行前瞻技术策源、关键技术攻关与成果转化，并在此基础上开展成果概念验证，形成未来产业概念验证基地，构建未来产业研发创新平台，促进前沿科技成果产业化。

三是多学科与跨部门合作创新。未来产业发展需要打通从基础研究到产业化的多学科和跨部门合作创新。因此，山东省未来产业研究院应建立有效协同机制，以解决各个部门与机构之间知识产权共享、利益分配等跨组织统筹协调问题。在组织开展科技创新活动的同时，也承担人才培养的功能，通过用好产业创新基础平台优势，成为人才培养多元主体中的一支重要力量。

（四）运行机制

山东省未来产业研究院以重点发展山东省未来产业为目标，通过促进科研资源、信息开放共享，破除科技创新体系长期存在的制度壁垒，集聚地方优势资源，实现以产业创新为驱动的山东省经济社会高质量发展。

未来产业研究院在行政结构、人员配置、知识产权管理、资金安排及行政流程等方面具备较大的灵活性。在初步创建阶段，可以参考新型研发机构或产业技术研究院的组建模式，采取政府主导的初期创建和后期市场化运营相结合的发展方式，充分发挥市场机制在研究和组织管理中的关键作用。产业创新相关的公共和私营部门将作为核心合作伙伴共同参与，推动产业界、学术界、研究机构以及非营利组织之间的多方合作，促进产业创新生态的活跃发展。

在组织架构方面，研究院将实施“理事会＋专业研究所＋企业联合创新中心”的三级结构。理事会由政府管理部门的主要领导担任，成员包括政府部门、高校和企业的相关专家。专业研究所将专注于山东未来产业发展的具体细分领域，通过加盟和新建方式组建。企业联合创新中心则由未来产业研究院与具备技术创新和研发能力的龙头企业合作，共同推动未来技术的推广、应用和产业化进程。

三、山东省争创国家未来产业研究院的建议

（一）强化顶层设计

未来产业研究院超越了现有研发机构、组织类型，是塑造科技创新能力的一种新模型、新路径，体现国家意志，受政府财政资助，是培育和发展未来产业的典型示范和核心节点。建设未来产业研究院既要明确政府在未来产业发展中的职责，并通过制度设计予以监督保障；也要发挥企业在未来产业发展中的创新主体地位，并发挥财政资金对社会资金的引导调动作用。应遴选具有高价值、高成长、高契合的细分赛道，创建未来产业研究院，推进、带动产业高端化和高端产业化。

（二）加强前沿领域布局

未来产业研究院作为新型产业技术创新平台，需聚焦未来产业中的核心技术攻关和策源能力的培养，紧跟人工智能、量子信息科学、生物技术等领域的最新发展动态，基于现有基础筛选和培育未来产业。结合国家战略及山东省“十四五”发展规划，研究院可优先在元宇宙、人工智能、生命科学、未来网络、量子科技、技能作业机器人、深海空天等关键领域布局，加强技术多路径探索和交叉融合，推动基础研究和原始创

新的推进。通过“前瞻技术预见”和“战略项目筛选中的技术多路径探索”等方式，未来产业研究院能够加速颠覆性技术的供给。

（三）打造协同创新平台

未来产业研究院要整合创新链上不同环节的多方优势力量，构建多部门协作、多主体协同良性运作机制，以弥合基础研究和应用研究、成果转移转化、应用示范、商业化和经济社会价值实现之间相脱节的矛盾，构筑实验室创新成果到产业化应用的清晰路径和渠道，实现多元参与主体的利益最大化，成为促进国家科研生态系统进一步融合、协同的关键支撑平台。面向国家和山东省发展需求，吸引地方政府、领军企业等多元主体投入，通过推动跨部门合作与跨学科知识融合，支撑未来产业重点领域技术发展。通过搭建面向未来技术应用场景的联合创新平台，促进企业需求与科研机构技术创新的对接，不断吸引国内外优质资源进行未来产业关键领域协同创新。

（四）支撑前沿技术成果转化

我国已在京津冀、长三角和粤港澳大湾区设立了多个综合性国家技术创新中心，初步建立了源头性技术创新框架。未来产业研究院的建设应有助于接收和转化前沿技术成果，通过与未来产业先导区及产业技术研究院的有效协作，为技术成果的转化提供强有力的支持，加速科技创新向实际生产力的转化。同时，需加快构建新的科技服务和技术市场模式，遴选专业的科技成果评价与转移转化机构，开拓新的应用场景和商业模式。

第五节 山东未来产业概念验证中心建设模式研究

党的二十届三中全会审议通过的《中共中央关于进一步全面深化改革、推进中国式现代化的决定》指出，“深化科技成果转化机制改革，加强国家技术转移体系建设，加快布局建设一批概念验证、中试验证平台”。概念验证是一种以成果转化为目标的项目可行性验证模式，是推动科技成果转化的关键环节，尤其在打通“最初一公里”方面具有重要作用。由于未来产业发展具有前瞻性、长期性和不确定性，因此对概念验证的需求较高。推动未来科技与未来产业深度融合，需要将概念验证引入未来产业成果转化流程，打造山东省未来产业概念验证中心，打通集技术研发、前瞻研判、投资孵化、产业化推广于一体的未来产业成果转化链条，切实提升成果转化质效，培育发展更多新质生产力。

一、山东省未来产业概念验证中心建设基础

（一）发展现状

近年来，山东省将提升科技成果转化服务效能作为推动科技工作的重要抓手，布局建设概念验证中心。《山东省科学技术进步条例》提出，鼓励科学技术研究开发机构、高等学校、企业和社会组织建立概念验证中心、中试熟化平台、技术转移机构等载体，为科技成果转化提供技术概念验证、商业化开发、投产前试验、试生产等服务。《山东省“十四五”科技创新规划》提出，支持高校、科研院所建立概念验证中心，尽早

识别具有商业化和社会化前景的项目，健全科技成果转化服务体系。

2023 年 5 月，山东省科学技术厅印发《关于加强高水平科技成果转移转化人才队伍建设的若干措施》，提出推动概念验证中心建设，并将成果转移转化人才培养、引进和使用作为建设的重点任务。2024 年全省科技工作会议指出，要全面提升科技成果转化效能，鼓励科技成果“先试用后转化”，支持高校、龙头企业建设一批概念验证中心和中试基地，为科研成果提供概念验证、二次开发、工艺验证和中试熟化等服务，切实打通科技成果转化走出实验室的“最初一公里”和迈向大市场的“最后一公里”。

2022 年以来，全省多个城市根据自身创新和产业资源探索布局概念验证中心，如，淄博产业技术研究院概念验证中心、聊城高新区概念验证中心、产研计算医学概念验证中心、济南市医药健康产品概念验证中心、首科医谷泰安智慧康养医学概念验证中心先后投入建设。2024 年 3 月，山东省科学技术厅印发《山东省概念验证中心（试点）名单》，首批包括山东省纺织新材料概念验证中心（试点）、山东省生物与化工技术概念验证中心（试点）、山东省高分子工程概念验证中心（试点）等共 6 家试点单位，由高校、科研院所、企业联合创立，强化产学研合作。文件发布之日起 6 个月后对试点单位进行绩效考核，达标者将正式成为山东省概念验证中心。

（二）现存问题

总体来看，山东省概念验证中心建设起步较晚，目前处于探索阶段，在统筹布局、政策支持、运行机制等方面尚未形成明确体系，与国内外其他地区相比还有不小差距。

一是缺乏统筹管理的顶层设计。山东省目前尚未出台针对概念验证中心的管理办法和指导意见，也未形成系统的运行管理体制。相比之下，国内多地政府相继出台管理办法，针对创建认定、考核评价、奖励资助等方面引导支持概念验证中心布局建设。如，江苏省内高校院所和基层普遍反映需要从省级层面研究出台概念验证中心建设支持政策，随后江苏出台《江苏省概念验证中心建设工作指引（试行）》，明确了概念验证中心建设指导思想、功能定位、建设原则、布局重点、建设条件、建设管理、保障措施，为全省概念验证中心的建设提供了具体指导。为了应对科技成果转化过程中面临的高风险、长周期、技术成熟度低、成本高等问题，深圳市出台了《深圳市概念验证中心和中小试基地资助管理办法》，旨在避免各环节的脱节，完善转化服务体系，实现科技成果转化的全覆盖、无缝衔接和长期稳定支持，推动形成良好的科技成果转化生态。

二是缺乏面向未来产业领域概念验证布局。山东省重点布局的未来产业领域缺少概念验证布局。从建设情况看，首批 6 个概念验证中心建设试点主要涉及新材料、化工、新一代信息技术等传统和新兴产业。相比之下，杭州首批正式授牌 15 家概念验证中心，已经涉及新型储能、合成生物、视觉智能等未来产业相关领域。2024 年 2 月，苏州高新区科技创新大会上，全省首批 8 家概念验证中心揭牌，其中，类器官与器官芯片概念验证中心、苏州中科地星星球探测概念验证中心、苏州长光华芯化合物半导体与激光芯片概念验证中心等都面向未来产业开展概念验证工作。

三是缺乏创新主体牵头、多单位联动的建设模式。山东省现有概念验证中心主要由高校牵头建设，合作单位数量和类型较为单一，省内重大创新平台和龙头科技企业参与较少。相比之下，国内先进地区多采用政府牵头组织、高校内部设立、企业联合创立等多种建设模式。如，杭州市大数据智能概念验证中心由浙江大学计算机创新技术研究院主导，采用高校、新型研发机构、技术转移机构和企业法人等多方参与的共建模式，汇聚了来自学术界、产业界和投资界的专家团队，为中心的建设拓展了业务领域和创新资源。深圳市柔性电子概念验证中心则由北京大学深圳研究生院牵头，大族激光科技产业集团和深圳前海海创孵化器有限公司参与，并获得深圳市科技创新局的认定及创新创业专项资金资助。该中心依托 4 个国家级及多个省市级技术研发、工程产业化、创业孵化平台建设，打造了一个涵盖政府部门参与认定、“产学研用投”一站式成果转化平台。

四是缺乏数字化、智能化的概念验证服务流程。山东省大多数概念验证中心主要依托多年积累的专业知识、技术资源、产业资源，组织专家进行评估验证。随着大数据、人工智能技术的快速发展，新型概念验证方法和流程加快应用。如，2023 年 5 月，合肥市中科科技成果概念验证中心获批成立，是国内第一家正式在民政部门登记的专业化概念验证机构，由合肥市科学技术局担任业务主管单位，由中科科技培训中心、清华大学技术创新中心联合提供资源与技术支持，依托清华大学陈劲教授团队开发的“清云科技评价系统”，将“有用算法”“有效市场”“有为政府”有机串联起来，基于海量科技数据和技术成果转移转化案例，对新技术、新项目的分类、技术水平、发展潜力进行科学评估，为科技成果提供批量化、标准化、智能化的概念验证服务，极大提高了概念验证效率，将筛选出的科技成果智能化精准匹配给投资机构和技术需求方。

二、山东省未来产业概念验证中心基本架构

（一）战略定位

以山东省未来产业战略布局为指引，垂直整合创新链产业链各环节要素资源，加快建立前沿技术研发、验证、孵化一体化的体制机制，打造前沿技术成果转化全过程创新枢纽，构建立足山东、面向全国的未来产业概念验证生态系统，为推动未来产业前沿技术创新与成果转化提供示范样板。

（二）核心功能

聚焦未来产业领域的前沿技术成果，重点开展原理验证、产品与场景验证、原型制备及技术可行性验证等概念验证服务，同时提供资金支持、试制测试、资源对接和商业咨询等相关服务，以专业化、系统化流程实现成果、人才、资本和市场等转化要素的优化整合，在验证技术可行性的同时控制产业化风险，促进创新链与产业链有效对接，推动未来产业领域前沿技术加速走向市场。

一是未来产业前沿技术预测评估。广泛监测收集未来产业前沿动态，梳理分析新技术突破、新产业政策、新投资事件，对产业发展方向进行预研。针对目标项目，由专业评估团队为项目提供前沿技术可行性论证与市场分析服务，评估成果潜在价值，明确前沿技术未来改进方向。

二是未来产业早期成果资金支持。建立种子基金、创新基金、风险投资基金等，为具有市场价值的早期科研成果和创新项目提供资助，解决技术开发初期资金短缺问题，加速前沿技术成果研发、应用与转化。

三是未来产业创新项目开发应用。针对具有市场价值的概念验证项目组织现场路演，提供场地设备租赁、创新资源推介、法律咨询、融资担保等后续服务，为早期产品开发与测试提供试验条件，推动有价值项目快速走向市场。

四是未来产业研发人员商业指导。通过提供多样化的教育课程、商业讲座和学术论坛等方式，帮助研发人员更好地理解科技成果转化的流程及可能遇到的风险，弥补在企业管理、资本运作、市场营销等方面的不足，提高他们对产品市场动态和发展趋势的掌握能力。

（三）流程机制

一是开展原理验证。分析验证创新概念和早期科技成果的科学性和合理性，重点

评估技术可实现性。

二是开展产品与场景体系验证。分析验证创新概念和早期科技成果迁移到应用场景的可实现性，主要包括未来市场需求、实现所需技术条件、政策制度支持体系等。

三是开展原型制备与技术可行性验证。对标产品关键技术指标与主要使用性能，明确产业化所需基础条件，在相应使用环境中组织产品试制测试，验证成果产业化的技术可行性。

四是开展商业前景验证。分析产品竞争优势与市场前景，重点评估产品安全性、有效性、经济社会价值、互补产品供给、商业策略与投资回报等。

（四）建设模式

以产业化需求为导向，充分发挥市场在资源配置中的决定性作用，更好发挥政府作用，全面构建市场导向的管理机制、开放创新的合作机制、立体多元的用人机制、目标导向的评价机制，形成“概念验证 + 孵化 + 投资”的一站式概念验证服务体系，打通未来产业前沿技术全流程成果转化路径。

一是坚持政府引导的市场化管理模式。制定科学的政策支持措施，将概念验证中心建设纳入未来产业发展系统布局，落实主管部门职责，明确建设标准与管理办法，给予概念验证中心配套经费，用于中心建设运营、团队组建、项目评估与资助等，充分发挥政策资金支持、引导与规范作用。制定完善的内部管理制度，建立符合前沿技术创新特征的市场化运行机制，配备提供概念验证服务所需场地设备等验证条件，拥有一定份额的自有种子资金或合作的转化基金，多渠道保障概念验证工作开展。建立明晰的服务承接机制，以概念验证核心业务为抓手拓展更多关联服务，探索构建持续促进要素流动的可行商业模式，有效对接投融资、产业园区、市场渠道等市场资源，实现自我造血功能及高质量发展。

二是坚持多元主体的协同创新范式。建立风险共担、利益共享的协同创新机制，广泛吸纳高校院所、企业、投资机构、服务机构、行业协会等多元创新主体共同参与概念验证中心建设，充分发挥各主体比较优势与协同效应，形成相互支撑的利益共同体，推动实现资源共享、价值共创。建立深度融合的开放式创新体系，积极同外部创新主体建立合作伙伴关系，联合产业链上下游有优势、有条件的创新主体共同为概念验证项目提供小试中试、知识产权、产业孵化等服务，建立资源要素开放共享的协同服务体系，以确保概念验证项目能够顺利推进并支持其后续发展。

三是坚持精准立体的选人用人机制。建立一支专业的运营管理团队，针对概念验证服务中所需的技术评估、项目管理、知识产权、投融资及技术转移等领域的需求，吸引具备丰富经验的企业家、投资人、经理人、律师、会计师等高层次人才，组建一个涵盖各方面技能的团队，为概念验证项目提供全方位、专业的支持和服务。建立系统的人才交流培养机制，加强人才交流合作，采用双聘、兼职等方式引进具备专业技能与创新思维的人才参与概念验证及关联服务；注重人才定向培养，构建概念验证与成果转化培训课程体系，为概念验证、产品开发、市场营销、企业管理等各个环节提供专业化人才支持。建立与能力贡献相匹配的收入分配机制，健全职务能上能下的人员管理机制，全面激发人才队伍活力。

四是坚持科学有效的绩效评价体制。建立绩效导向的综合评价机制，根据建设周期设置节点发展目标，对概念验证中心人才队伍建设、项目孵化与服务收益等多方面进行年度考核评价，不断优化绩效目标设置与组织实施。建立优胜劣汰的动态调整机制，将主管部门对概念验证中心发展目标完成情况以及年度考核的评价结果作为中心存续、经费支持、人才引进和负责人考核等的重要依据，强化考核结果运用，激励创新质效提升。

三、关于建设山东未来产业概念验证中心的建议

（一）建立建强多主体深度参与的协同转化机制

强化顶层设计，研究出台概念验证中心整体建设规划、管理办法和指导意见，采取“先建设、后认定”和优胜劣汰退出机制，明确申报认定、考核激励等相关标准。围绕各地产业集群布局，优先支持元宇宙、人工智能、生命科学、未来网络、深海空天等空白领域建立专业性概念验证中心，与各级高新区、重点科技园区、企业孵化器建立联系，鼓励高校院所、企业等各类创新主体合作共建、利益共享，搭建“纵横交织”的概念验证中心网络，引导基金公司、非营利机构参与设立风险投资基金，实现市场化、专业化运作。

（二）搭建覆盖全流程、全周期的概念验证服务平台

建立山东省未来产业概念验证中心，提供项目可行性分析、投融资洽谈、商业咨询等“一站式”服务，促进颠覆性技术的研发与成果转化。一是搭建服务平台，组建具备专业技术背景和丰富市场经验的专业顾问团队，基于技术的突破性、产业变革性

及未来市场潜力等因素，筛选具有市场价值的颠覆性技术项目，探索产业化路径，并提供教育培训、设备租赁、专利管理、法律咨询等配套服务。二是搭建资助平台，提供种子资金、创新基金、风险投资等多元化资金支持，助力颠覆性技术的研发、验证、成果转化及产业化进程。三是搭建信息平台，提供会议、沙龙、讲座等活动政策信息，组织具有市场价值的项目路演活动，帮助颠覆性技术成果转化初期科研人员打破信息壁垒，提升市场敏感度及判断力，搭建产业化桥梁。

（三）打造未来产业创新成果“一站式”落地的转化链条

将概念验证中心建设与省内未来产业培育方向、集群布局紧密结合，将概念验证融入未来产业培育孵化生态，探索组建概念验证服务发展联盟，引导概念验证中心与技术创新中心、新型研发机构、中试基地、中介服务机构等平台合作，打造概念验证中试线，逐步形成集技术研发、前瞻研判、投资孵化、产业化推广于一体的未来产业成果转化全链条。强化产学研合作，形成逐步完善、充满活力的未来产业成果转化生态系统，打造区域创新高地。

（四）构建数字化、智能化的概念验证流程范式

依托山东科技大市场，广泛汇集数据信息，形成数据量大、数据类型齐全的科技创新数据库。围绕山东省“6997”现代化工业体系，瞄准传统产业、优势产业、新兴产业、未来产业发展重点，基于产业特征，为不同领域提供精准的概念验证服务。面向概念验证需求，推动未来产业垂直领域大模型训练，厘清技术路线和产业链图谱，形成产业共性技术识别和关键核心技术遴选功能，为细分领域布局提供参考支撑，推动未来产业关键环节建链、延链，培育发展更多新质生产力。